道路工程施工与管理研究

聂 品 黄志强 孙立光 主编

辽宁科学技术出版社

·沈阳·

图书在版编目（CIP）数据

道路工程施工与管理研究 / 聂品，黄志强，孙立光主编.—沈阳：辽宁科学技术出版社，2023.7（2024.6重印）
ISBN 978-7-5591-3052-5

Ⅰ.①道…　Ⅱ.①聂…　②黄…　③孙…　Ⅲ.①道路施工—施工管理—研究　Ⅳ.①U415.1

中国国家版本馆 CIP 数据核字（2023）第 099691 号

出版发行：辽宁科学技术出版社
　　　　　（地址：沈阳市和平区十一纬路 25 号　邮编：110003）
印　刷　者：沈阳丰泽彩色包装印刷有限公司
经　销　者：各地新华书店
幅面尺寸：170mm×240mm
印　　张：7
字　　数：150 千字
出版时间：2023 年 7 月第 1 版
印刷时间：2024 年 6 月第 2 次印刷
责任编辑：孙　东　于　芳
封面设计：刘梦杏
责任校对：于　倩

书　　号：ISBN 978-7-5591-3052-5
定　　价：48.00 元

前言
PREFACE

　　道路是基础设施的重要组成部分，随着我国社会经济的快速发展，在道路施工过程中广泛应用了新材料、新技术、新工艺、新设备、新产品以及新的理念和方法。同时，与其相关的工程技术标准、规范、规程等逐步修订完善并发布实施，促进了行业的发展和科技的进步。

　　道路建设项目如期完成离不开有效合理的管理，只有注重道路工程的管理作用，才能最大限度地减少道路建设过程中的失误，提高道路建设质量。道路工程管理是一项复杂的系统工作，不同的工程项目采取的管理措施存在差异，因此，道路工程管理者不仅要遵循系统、科学的工程管理办法，而且要与时俱进、大胆求新，加强道路工程管理工作，对施工中各个方面严加控制，提前做好应对措施，保证道路工程顺利进行；同时，管理者还需要在道路工程中总结经验教训，深入研究道路工程管理方法，完善道路工程施工过程，从而提升道路工程施工效率，促进我国道路工程快速发展。

　　本书主要具有以下特色：第一，本书内容丰富，结构清晰，涵盖了道路工程所有的施工过程，具有完整性。第二，本书依据国家最新道路工程施工标准、规范及规程进行撰写，具有一定的先进性。该书可作为从事公路、城市道路等设计、施工、养护、管理和科研人员的参考用书。

　　本书参考了大量的相关文献资料，借鉴、引用了诸多专家、学者和教师的研究成果，其主要来源已在参考文献中列出，如有个别遗漏，恳请作者谅解并及时和我们联系。本书撰写得到很多专家、学者的支持和帮助，在此深表谢意。由于能力有限，时间仓促，难免有不妥与遗漏之处，恳请专家和读者指正。

目 录
CONTENTS

第一章　道路施工概述

第一节　公路工程施工技术概述

一、道路的分类与公路的分级

（一）道路的分类

1. 城市道路

城市道路是在城市范围内，联系各组成部分，并供车辆及行人通行的、具备一定技术条件和设施的道路。按在道路系统中的地位、交通功能与对沿线建筑物的服务功能等划分，城市道路可分为快速路、主干路、次干路与支路。

快速路是为较高车速的长距离交通而设置的重要道路。快速路对向车道之间应设中间带，以分隔对向交通，当有自行车通行时，应加设两侧带。

快速路与高速公路、快速路、主干路相交时必须采用立体交叉；与交通量较小的次干路相交时，可采用平面交叉；与支路不能直接相交。在过路行人集中地点应设置过街人行天桥或地下通道。

主干路是城市道路网的骨架，连接城市各主要分区的交通干路，以交通功能为主。自行车多时，宜采用机动车与非机动车分流形式，如三幅路或四幅路。

次干路是城市的交通干路，兼有服务功能。次干路配合主干路组成道路网，起广泛连接城市各部分与集散交通的作用。

支路是次干路与街巷路的连接线，解决局部地区交通，以服务功能为主。街巷路作为街巷建筑的公共设施组成部分，不列入等级道路之内。

2. 公路

公路是指连接城市、乡村，主要供汽车行驶的道路。根据公路的作用及使用性质，又将公路划分为以下几种。

国家干线公路（简称国道），是指具有全国性政治、经济、文化以及国防意义的公路，包括重要的国际公路、国防公路以及连接各省、市、自治区、重要大中城市、港口枢纽、工农业基地等的主要干线公路。

省级干线公路（简称省道），在省公路网中，具有全省性的政治、经济、国防意义，并经确定为省级干线的公路。

县级公路（简称县道），具有全县性的政治、经济意义，并经确定为县级干线的公路。

乡级公路（简称乡道），主要为乡村生产、生活服务，并经确定为乡级的公路。

专用公路，由工矿、农林部门等投资修建，主要供各部门使用的公路。

3. 厂矿道路

厂矿道路指主要为工厂、矿山运输车辆通行的道路。通常分为厂内道路和厂外道路及露天矿山道路。厂外道路为厂矿企业与国家公路、城市道路、车站、港口相衔接的道路或厂矿企业分散的车间、居住区之间连接的道路。

4. 林区道路

林区道路指修建在林区，主要供各种林业运输工具通行的道路。由于林区地形及运输木材的特点，其技术要求应按专门制定的林区道路工程技术标准执行。

5. 乡村道路

乡村道路是指修建在乡村、农场，主要供行人及各种农业运输工具通行的道路。由于乡村道路主要为农业生产服务，一般不列入等级道路之内。

（二）公路的分级

公路根据使用任务、功能和适应的交通量分为高速公路、一级公路、二级公路、三级公路、四级公路5个等级。

高速公路为专供汽车分方向、分车道行驶，全部控制出入的多车道干线公路。高速公路按各种汽车折合成小客车的年平均日交通量为25000辆以上设计。其他公路是除高速公路以外的干线公路、集散公路、地方公路，分4个等级。

一级公路为供汽车分方向、分车道行驶，可根据需要控制出入的多车道公路。一级公路按各种汽车折合成小客车的年平均日交通量在15000辆以上设计。

二级公路为供汽车行驶的双车道公路。一般二级公路按各种车辆折合成小客车的年平均日交通量为5000～15000辆设计。

三级公路为供汽车、非汽车交通混合行驶的双车道公路。一般三级公路按各种车辆折合成小客车的年平均日交通量为2000～6000辆设计。

四级公路为供汽车、非汽车交通混合行驶的双车道或单车道公路。一般四级公路按各种车辆折合成小客车的年平均日交通量设计，宜为双车道2000辆以下，单车道400辆以下。

二、公路工程的施工与施工机械

（一）公路工程的组成

公路是一种主要承受汽车荷载反复作用的线形带状工程结构物。公路工程基本组成部分包括路基、路面、桥涵、隧道、防护工程、排水系统及交通服务设施的建设。

路基：路基是由土、石材料按一定的技术要求填筑压实而成的结构物，它承受路面传递的行车荷载，是支承路面的基础部分。

路面：路面是用各种材料或混合料分层修筑在路基顶面供车辆行驶的层状结构物，其性能应能满足车辆安全、迅速、舒适的行驶要求。

桥涵：桥梁是为道路跨越河流、山谷或人工障碍物而建造的构造物。涵洞是为宣泄地面水流而设置的横穿路堤的小型排水构造物。

隧道：隧道是为道路穿越山岭、地下和水底而修筑的构造物。

防护工程：为加固路基边坡，确保路基稳定的构造物，包括在路基边坡修建的填石边坡、砌石边坡、挡土墙、护脚和护面墙等构造物。

排水系统：排水系统是为了排除地面水及地下水而设置的排水构造物。除桥涵外，还有边沟、截水沟、排水沟、急流槽、盲沟、渗井和渡槽等路基排水构造物和路面排水构造物组成的道路排水系统。

交通服务设施：交通服务设施是为了确保行车安全、顺畅、舒适，在道路沿线设置的交通安全、养护管理、服务和环境保护的设施，如交通标志、标线、护栏、护墙、护柱、中央分隔带、隔音墙、隔离墙、照明设备、加油站、停车场、养护管理房屋和绿化美化设施等。

（二）公路工程的施工特点

1. 建设规模大、投资额大、建设周期长

一般的公路新建、扩建项目投资，动辄几百万元，高速公路更可达几亿、十几亿元。公路工程建设以及使用过程中，要消耗大量的人力、物力和财力。公路建设是一项系统工程，建设工期包括制定预可行性研究报告、制定工程可行性研究报告、初步测设、施工图测设以及必要的科研等前期工作时间和施工时间。一般项目需要2~4年，有的更长。合理工期应根据工程规模、建设难度、地形地质特点和气候条件等因素综合确定。

2. 户外作业环境复杂，不可控因素多

公路工程本身的特点，要求施工建设采用全野外作业方式，加上施工的路线一般都较长，所以无论其面临的气候、地质水文条件，还是社会经济环境，乃至风土人情都是有差异的。其中任何一项因素的变化都会影响公路工程建设的进行。另外，对于不同施工项目，影响因素又有所不同，不可控制因素的增多也会使项目管理在施工中变得尤为重要。

3. 施工组织与施工工艺复杂

公路是固定在土地上的构筑物，而施工生产是流动的，所以公路工程施工组织是复杂的，这是区别于工业生产的根本特点。由于公路工程的固定性，需要把众多的劳力、施工机具、材料在时间和空间上加以合理组织，从而使它们在施工现场按照科学的施工顺序运转，不致互相妨碍而影响施工。

公路工程是根据具体的设计来建造的，而构成公路各项工程的功能要求和施工方法各有不同，使得各项工程具有各自不同的结构和造型。由于其施工生产的单件性和工程结构的多样性，施工组织是多变的，因而一般不能采用固定不变的施工模式，而要按照不同的工程对象，采用不同的施工工艺和施工组织方法进行施工。

（三）公路工程施工的基本程序

公路工程施工的基本程序是指施工单位从接受施工任务到工程竣工阶段必须

遵守的工作程序。

（四）公路工程施工机械

1. 土方机械

（1）推土机

推土机是一种在履带式拖拉机上装有推土铲刀等工作装置的土方机械。

按行走装置的类型可分为履带式和轮胎式；按推土铲刀的操作方式可分为液压式和索式。推土机操纵灵活，运转方便，所需工作面较小，行驶速度快，易于转移，并能爬30°左右的缓坡。它是较常见的一种土方机械，多用于场地清理和平整、开挖深度1.5m以内的基坑，填平沟坑，以及配合挖掘机和铲运机工作。推土机可以推挖一至三类土，经济运距100m，效率最高为40～60m。

下坡推土法。推土机顺下坡方向切土与推运，借助机械本身的重力作用，以增加推土能力和缩短推土时间，一般可提高生产效率30%～40%，但坡度不宜超过15°。

并列推土法。平整场地面积较大时，可采用两台或三台推土机并列推土。采用两机并列推土可增加推土量15%～30%，三机并列推土可增加推土量30%～40%。

槽形推土法。推土机连续多次在一条作业线上切土和推运，使地面形成一条浅槽，以减少土在铲刀两侧散失，一般可增加推土量10%～30%。槽的深度在1m左右，土埂宽约为0.5m。

多铲集运法。当被推土土质比较坚硬时，切土深度不大，应采用多次铲运、分批集中、一次推运的方法，使铲刀保持满载，缩短运土时间，一般可提高生产效率15%左右。

（2）铲运机

铲运机也是一种挖土兼运土的机械设备，它可以在一个工作循环中独立完成挖土、装土、运输和卸土等工作，还兼有一定的压实和平地作用。铲运机运土距离较远，铲斗容量较大，是公路工程中应用较广泛的机种之一，主要用于大土方量的填挖和运输作业。

拖式铲运机由拖把、辕架、工作液压缸、机架、前轮、后轮和铲斗等组成。铲斗由斗体、斗门和卸土板组成。斗体底部的前面装有刀片，用于切土。斗体可以升降，斗门可以相对斗体转动，即打开或关闭斗门，以适应铲土、运土和卸土等不同作业的要求。拖式铲运机本身不带动力，工作时由履带式或轮式拖拉机牵引。这种铲运机的特点是牵引车的利用率高、接地比压小、附着力大、爬坡能力强，普遍被使用在短距离和松软潮湿地带的工程中，工作效率低于自行式铲运机。

自行式铲运机多为轮胎式，一般由单轴牵引车和单轴铲斗两部分组成。有的在单轴铲斗后还装有一台发动机，铲土工作时可用两台发动机同时驱动。采用单轴牵引车驱动铲土工作时，有时需要推土机助铲。轮胎式自行铲运机均采用低压宽基轮胎，以改善机器的通过性能。自行式铲运机本身具有动力，结构紧凑、附着力大、行驶速度快、机动性好、通过性好，在中距离土方转移施工中应用较多，工作效率比拖式铲运机高。

（3）单斗挖掘机

单斗挖掘机有一个刚性或挠性铲斗，可间歇重复地循环进行工作，是一种周期作业自行式土方机械。

当场地起伏高差较大，土方运输距离超过1000m，工程量大而集中时，可采用单斗挖掘机挖土，配合自卸汽车运土，并在卸土区配备推土机平整土堆。单斗挖掘机有内燃驱动、电力驱动、复合驱动的装置，铲斗有正铲、反铲、拉铲、抓铲等形式。

正铲挖掘机的特点是前进向上，强制切土，能开挖停机面以上的Ⅰ～Ⅳ级土，适合在地质较好、无地下水的地区工作；反铲挖掘机的特点是后退向下，强制切土，能开挖停机面以下的Ⅰ～Ⅲ级土，适宜开挖深度4m以内的基坑，对地下水位较高处也适用；拉铲挖掘机的特点是后退向下，自重切土，能开挖停机面以下的Ⅰ～Ⅱ级土，适宜大型基坑及水下挖土；抓铲挖掘机的特点是直上直下，自重切土，特别适于水下挖土。

（4）装载机

装载机是用铲斗装载物料的机械。铲斗装在机械前部，机械向前运行并铲装物料后，油缸将铲斗顶起，行驶到卸料地点卸料。

按行走装置，装载机分为履带式和轮胎式两种。前者接地压力小、重心低、行走平稳，适宜在崎岖不平或较松软的场地工作。后者制造成本低，运行灵活，应用较广。按工作性能，分装载型和挖掘型两种。前者一般为单轴驱动，功率较小，用于装载散状材料。后者为双轴驱动，功率较大，有一定的挖掘能力，可进行土方开挖和装载工作。它们都可兼作短距离的运输工具。

（5）平地机

平地机是用装在机械中央的铲土刮刀进行土壤切削、刮送和平整连续作业，并配有其他多种辅助作业装置的轮式土方施工机械。

平地机有拖式和自行式两种。

拖式平地机由拖拉机牵引，以人力操纵其工作装置；自行式平地机在其机架上装有发动机供给动力，以驱动机械行驶和各种工作装置进行工作。前者因机动性差、操作费力，故目前已被后者所取代。

平地机的主要工作装置是装有刀片的刮刀，具有高度的灵活性，可以根据工作需要随时与行驶方向形成不同的夹角；可以在垂直面上形成必要的倾斜角度；也可以横向伸出机体。铲刀的这些特点使平地机成为公路工程中整形和平整作业的专用机械。

平地机的主要用途是：平整路基和场地，修整路基的横断面和边坡，开挖三角形或梯形断面的边沟，从两侧取土填筑不高于1m的路堤。此外，平地机还可以用来在路基上拌和路面材料并将其铺平、修整，还可养护土路，清除杂草和扫雪等。

2. 压实机械

压路机是常见的压实机械，根据工作原理不同，压路机可以分为光轮压路机、轮胎压路机和振动压路机3种。

光轮压路机的自重可以在一定范围内调整，以改变单位线压力，一般用于整理性压实工作，对于容重要求较低的黏性土、沙砾料、风化料、冲击砾质土较为适合。

轮胎压路机具有弹性，在碾压时与土体同时变形，其碾压作用力主要取决于轮胎的内压力。接触面积与压实深度有着密切关系，为了得到较大的接触面积，又要增加压实深度，在轮胎允许范围内尽可能增加轮胎碾的负荷。一般来说，由于刚性碾轮受到土壤极限强度的限制，机重不能太大，而轮胎碾则没有这个缺点，所以轮胎碾适合压实黏性土及非黏性土，如壤土、沙壤土、沙土、沙砾料等土质，在路面施工中也常常采用。

振动压路机俗称振动碾，其主要优点有两点：一是单位面积压力大，可适当增加压实厚度，碾压遍数也可适当减少；二是结构重力小，外形尺寸小。其缺点是振动及噪声大，易使机械手过度疲劳。

三、公路工程施工的重点

（一）路基施工

1. 路基施工的基本工作

路基施工主要包括测量放线、路基施工以及小型人工构筑物施工3个环节。

测量放线的工作内容：利用测量仪器和工具，以设计要求为基准，采取适当的方法，把设计图纸上已经设计好的路线位置转移到施工作业面上，进而为后期施工环节提供正确依据。

路基施工工作内容：利用施工机械开挖路堑、填筑路堤、压实路基、平整路基表面、整修边坡、修筑排水沟渠和加固防护设施等。

小型人工构筑物包括小桥、涵洞及挡土墙等。

2. 路基工程的质量控制与检查验收

为了保证工程质量符合要求，在路基施工环节必须加强工程质量管理，并且按照施工标准以及相关技术规范，对施工质量进行控制，施工完成后进行检查验收。

路基工程的验收项目主要包括路基有关工程的位置、标高、断面尺寸、压实度等要在规定允许误差范围内。全部工程完工后，还要由施工单位会同设计、监理、建设、使用和养护等单位进行施工验收。

（二）路面施工

路面是公路的重要组成部分，不仅直接承受来自行车的荷载，还受到外界自然因素（温度、水、阳光和空气等）的影响。因此，路面工程的施工工艺与施工质量会直接影响公路的行车速度、行车安全及营运效率，是公路整体服务水平的关键。

1. 足够的强度

路面的整体结构和各组成部分必须具有一定的强度，以防止路面在各种力的综合作用下出现磨损、开裂、坑槽、波浪和沉陷等破坏现象。

2. 足够的稳定性

路面在外界各种影响因素作用下，强度的变化幅度越小，其稳定性就越好。路面的稳定性主要有水稳定性、温度稳定性和时间稳定性等。

3. 足够的平整度

路面的平整度，对行车速度、安全和舒适程度有较大影响。不平整的路面还会产生积水，加速路面的损坏。路面等级越高，对平整度的要求也越高。

4. 足够的抗滑性能

车辆在路面上正常行驶时，路面与车辆的车轮之间需要足够的摩擦力，尤其是在雨天或者冰滑的路面上。为了保障行车安全，路面应具有足够的抗滑性能，即要有足够的粗糙度。路面施工的程序与路基施工相同，主要包括施工前的准备工作、路面施工、施工管理（进度控制、质量控制、资金控制、施工安全管理等）以及路面工程质量的检查与验收。

第二节　桥梁工程施工技术概述

一、桥梁的组成和分类

（一）桥梁的组成

1. 上部结构

上部结构也称桥跨结构，是在线路中断时跨越障碍的主要承重结构。通常直接承受桥上的荷载。桥梁跨越幅度越大，桥上车辆荷载越大，则桥跨结构越复杂，施工也越困难。

2. 下部结构

下部结构是由桥墩、桥台和墩台基础组成的。桥墩和桥台是支撑上部结构并将其恒载和车辆等活载传至基础的结构物。

一座桥梁的桥台只有两个，设在桥的两端；而桥墩可以不设或在两桥台之间设一个或数个。桥墩两侧均为桥跨结构，而桥台一侧为桥跨结构，另一侧为路堤。桥台除支撑桥跨结构外，还起到衔接桥梁与路堤的作用，并抵御路堤的土压力，防止其滑坡塌落。桥梁墩台底部与地基相接触的结构部分称为墩台基础。墩台基础是桥梁结构的根基，对桥梁结构的使用安全起着举足轻重的作用。这部分是桥梁施工中较复杂、难度较大的环节之一。大量事实证明，许多桥梁的毁坏都是由墩台基础的强度或稳定性的问题引起的。

3. 支座

一座桥梁在桥跨结构与桥墩或桥台的支撑处所设置的传力装置，称为支座。支座设在墩台顶，它不仅要传递很大的荷载，并且要保证桥跨结构能根据受力需要产生一定的变位。支座一般多用于梁式桥，在拱桥、刚架桥等形式桥梁中使用较少。桥梁支座大致分为简易垫层支座、钢支座、钢筋混凝土支座、橡胶支座及特种支座等，应根据桥梁的用途、跨径、结构物的高度等因素，视具体情况而选用。

4. 附属设施

附属设施主要包括桥面铺装、伸缩装置、排水与防水系统、灯光照明、栏杆（或防撞护栏）等。

桥面铺装：或称行车道铺装，桥面铺装的平整性、耐磨性、不翘壳、不渗水是保证行车舒适的关键。特别是对在钢箱梁上铺设沥青路面的技术要求更加严格。

伸缩装置：在桥跨上部结构之间或桥跨上部结构与桥台端墙之间设有缝隙，保证结构在各种因素作用下的变位。为使车辆在桥面上行驶顺直，无不适颠动，此缝隙间要设置伸缩装置，特别是大桥或城市桥的伸缩装置，不但要结构牢固，外观光洁，而且需要经常扫除深入伸缩装置中的垃圾泥土，以保证它的功能作用。

排水与防水系统：应迅速排除桥面上的积水，并使渗水降低至最小限度。此外，城市桥梁排水系统应保证桥下无滴水和结构上无漏水。对于非冰冻地区的桥梁需做适当的防水时，可在桥面板上铺筑8～10cm厚的防水混凝土作为铺装层，防水要求高时，往往采用柔性贴纸或涂料防水层。

（二）桥梁的分类

1.按结构类型划分

桥梁按用途分类，可分为公路桥、城市桥、铁路桥、公铁两用桥、人行桥，以及管道桥、水路桥、机场跑道桥等。

公铁桥与城市桥均以通行汽车为主。与专供铁路列车行驶的铁路桥相比，活载相对较轻，桥的宽度相对较大（其中城市桥的宽度相对较宽）。

公铁两用桥是指能同时承受公路与铁路荷载的桥梁，一般规模较大。它可做成双层桥面桥，也可做成同一平面的桥。

人行桥是指专供行人通行的桥梁，活载较小，桥面较窄，结构造型较灵活，美学要求较高，总造价不高，因此常采用一些造型独特、新颖的结构。

2.按桥梁的受力体系划分

（1）梁式桥

梁式桥包括梁桥和板桥，主要承重构件是梁（板），在竖向荷载作用下承受弯矩而无水平推力，墩台也仅承受竖向压力。

实腹式和空腹式是梁式桥体系的两种形式，实腹式梁的截面形式多为T形、工字形和箱形等；空腹式梁指主要由拉杆、压杆、拉压杆以及连接件组成的桁架式桥跨结构。

（2）拱式桥

拱式桥的主要承重结构是主拱圈或拱肋（拱圈横截面设计成分离形式时称为拱肋），在竖向荷载作用下，桥墩和桥台将承受水平推力。同时，墩台向拱圈或拱肋提供水平反力，这将大大抵消在拱圈或拱肋中由荷载引起的弯矩。

（3）刚架桥

刚架桥也称刚构桥，是上部结构和下部结构连成整体的框架结构。根据基础连接条件不同，刚架桥分为有铰和无铰两种。刚架桥结构是超静定体系，在垂直荷载作用下，框架底部除了产生竖向反力外，还产生力矩和水平反力。

常见的刚架桥有门式刚架桥、T形刚架桥、连续刚架桥和斜腿刚架桥等。

（4）悬索桥

悬索桥也称为吊桥。悬索桥是指以主缆索为主要承重构件的桥梁结构，其结构构造包括基础、桥塔、锚碇、主缆索、吊索、加劲梁及桥面结构等。设计桥梁时，当桥梁跨径在600m及以上时，总是首选悬索桥这一经典桥型。

以高强钢丝作为主要承拉结构的悬索桥具有跨越能力大、受力合理、最能发挥材料强度优势和造价经济等特点。同时，还以其整体造型流畅美观和施工安全快捷等优势备受推崇。桥跨上的荷载由加劲梁承受，并通过吊索将其传至缆索。主缆索的拉力通过对桥塔的压力和锚碇结构的拉力传至基础和地基。这种桥型充分发挥了高强钢缆的抗拉性能，使其结构自重较轻，能以较小的建筑高度，跨越其他任何桥型都无法比拟的特大跨度。

（5）斜拉桥

斜拉桥是由承压的塔、受拉的索与受压弯的梁体组合起来的一种结构体系。主要承重的主梁被斜拉索吊住，使主梁变成多点弹性支承连梁，并承受斜拉索水平分力施加的压力，因此桥梁具有很大的跨越能力。

斜拉桥是一种自锚体系，与悬索桥相比，它不需要昂贵的锚碇防腐技术，要求比吊桥低，从而降低索的防腐费用；斜拉桥刚度比悬索桥好，抗风能力也比吊桥好；斜拉桥施工可用悬臂施工工艺，施工不妨碍通航；钢材用量比悬索桥少。

3. 按桥梁全长和跨径划分

按全长和跨径不同，桥梁可以划分为特大桥、大桥、中桥和小桥。

4. 其他分类方式

（1）按跨越障碍的性质划分

桥梁按跨越障碍的性质不同可分为跨河桥、跨线桥（立体交叉）、高架桥和栈桥。高架桥一般指跨越深沟峡谷以代替高路堤的桥梁。为将车道升高至周围地面以上并使下面空间可以通行车辆或做其他用途（如堆栈、码头、店铺等）而修建的桥梁，称为栈桥。

（2）按上部结构的行车位置划分

桥梁按上部结构的行车位置不同可分为上承式桥、下承式桥和中承式桥。

桥面布置在主要承重结构之上的称为上承式桥；桥面布置在承重结构之下的称为下承式桥；桥面布置在桥跨结构高度中间的称为中承式桥。上承式桥结构简单、施工方便，主梁和拱肋的数量及间距可按需调整，且宽度可做得小一些，因而可节省墩台圬工数量。并且，在上承式桥上行车时，人的视野开阔，视觉舒适，不足之处是桥梁的建筑高度较大。在建筑高度受严格限制的情况下，则应采用下承式桥或中承式桥。由于桥跨结构在桥面之上，故横向结构宽度相对较大，墩台尺寸也相应有所增加。

（3）按特殊使用条件划分

桥梁按特殊使用条件的不同可分为开启桥、浮桥、漫水桥等。除上述桥梁分类方法外，还有按桥梁使用时间长短划分的永久性桥梁和临时性桥梁，以及按平面形状划分的直线桥、斜桥、弯桥等。

二、桥梁工程的施工特点

（一）施工生产组织协作较为复杂

桥梁工程施工涉及工程力学、地基基础、工程地质、水文水力学、土力学、工程材料、工程机械设备、施工组织管理等学科的专业知识。施工涉及面较广，需要在不同时期、不同地点上组织多专业、多工种的综合作业。此外，桥梁工程施工还涉及不同种类的专业施工队伍，以及规划与征用土地、勘察设计、五通一平、科研试验、质量监督、交通运输、电水热供应等社会各领域的外部协作配合，使得桥梁工程施工生产的组织协作关系错综复杂。

（二）施工周期长、占用流动资金多

桥梁工程的建造要消耗大量的人力、物力和财力，施工过程中还要受到工艺流程和生产程序的制约，所以各专业、各工种间必须按照合理的施工顺序进行配合和衔接。而建造地点的固定性，又使得施工活动的空间具有一定的局限性，从而导致桥梁施工具有生产周期长、占用流动资金多的特点。

（三）露天作业和高空作业多

桥梁工程的地点固定性和体形庞大的特征，决定了其施工具有露天作业和高空作业多的特点。随着社会和经济的发展以及现代化交通运输的需要，各种大型、特大型桥梁的施工任务越来越多，使得桥梁工程高空作业的特点日益明显。

（四）桥梁工程施工单一

对于一座具体的桥梁，往往是在统一规划内，根据它的实用功能，在选定

的地点进行单独设计和单独施工。由于桥梁所在地区的自然、技术和经济条件不同，即便在设计中选用标准设计的通用构件，其建筑材料、施工方法和施工组织等也要因地制宜加以修改，以适应桥梁建设的需要。因此，桥梁工程的施工具有单一性。

（五）流动性、地域性

桥梁工程施工生产不同于一般的工业生产：前者由于建造地的不同，其施工是在不同地区，或同一地区的不同现场，或同一现场的不同单位工程，或同一单位工程的不同部分进行的。因此，其生产是在地区与地区之间、现场之间和部分之间流动，而后者都是在固定工厂、车间内进行生产。桥梁工程施工受地区条件的影响，其结构、构造、造型、材料和施工方案等方面均不同，具有地域性。

三、桥梁工程施工的基本程序

桥梁工程主体施工大致可分为桥梁下部结构和桥梁上部结构两部分。

桥梁下部结构工程（墩台基础、桥墩、桥台）大多采用就地浇筑施工，桥梁上部结构根据桥位的地形、地貌特点，墩台高低，梁孔多少等，选择桥位现浇法或预制梁场集中预制的运架方案。桥梁工程施工的精细度要求高，施工组织应科学合理，管理应精细严格。

四、桥梁工程施工常备式结构与主要机具设备

（一）桥梁工程施工常备式结构

1.脚手架

脚手架是桥梁工程施工作业中不可缺少的设备工具，是为施工现场工作人员生产和堆放部分建筑材料所提供的操作平台，它既要满足施工需要，又要为保证工程质量和提高工作效率创造条件。其主要作用有以下几个方面。

要保证工程作业面的连续性施工；能满足施工操作所需要的运料和堆料要求，并方便操作；对高处作业人员能起到防护作用，以确保施工人员的人身安全；操作不影响工效和工程质量；能满足多层作业、交叉作业、流水作业和多工种之间配合作业的要求。

脚手架一般可分为以下种类：扣件式钢管脚手架、碗扣式钢管脚手架、门式钢管脚手架以及其他连接形式钢管脚手架。

2. 拼装式常备模板

常用的模板一般有钢模、木模和钢木结合模板。各种模板结构基本相同，通常由底模、侧模和端模三部分组成。拼装式常备模板主要为钢模板，按照模板块件的大小可分为小钢模和整体式钢模。小钢模主要用在对表面质量要求不高的施工位置，优点是造价低。整体式钢模常用于桥梁预制工厂的一些标准定型构件的生产中，是预制工的常备式结构。为提高混凝土的表面质量，墩台结构中也大量采用整体式钢模板。

3. 万能杆件

钢制万能杆件可以组拼成桁架、墩架、塔架和龙门架等形式，作为桥梁墩台或索塔的施工脚手架，必要时还可以作为临时桥梁墩台或桁架。万能杆件拆装容易，运输方便，利用率高，可大量节省辅助结构所需的木料、劳动力和工期，适用范围较广。

4. 贝雷（贝雷梁）

贝雷是一种由桁架拼装而成的钢桁架结构。贝雷常拼成导梁作为承载移动支架，再配置部分起重设备与移动机具来实现架梁。贝雷主要构件有：桁架、加强弦杆、横梁、桁架销、螺栓、支撑构件等。

（二）桥梁工程常用机具设备

1. 扒杆

扒杆是一种简单的起重吊装工具，一般由施工单位根据工程的需要自行设计和加工制作。扒杆可以用来升降重物、移动和架设简支梁等。常用的扒杆种类有：独脚扒杆、人字扒杆、摇臂扒杆和悬臂扒杆等。扒杆与一些简易机械配套，可组成各种轻型起吊机。

2. 龙门架

龙门架是一种最常用的垂直起吊设备。在龙门架顶横梁上设行车，可横向运输重物、构件；在龙门架两脚下设有缘滚轮并置于铁轨上，可在轨道上纵向运输；如在两脚下设能转向的滚轮，可进行任何方向的水平运输。

龙门架通常设于构件预制场用来吊移构件，或设在桥墩顶、墩旁安装大梁构件。常用龙门架种类有钢木混合构造龙门架、拐脚龙门架和装配式钢桥桁架（贝雷）拼装龙门架。

3.缆索起重机

缆索起重机适用于高差较大的垂直吊装和架空纵向运输，吊运量在几吨至几十吨范围内变化，纵向运距从几十米至几百米。它由主索、循环索、起重索、起重小车、地锚、塔架、风缆、平衡重、电动卷扬机及各种滑轮等部件组成。在吊装拱桥时，缆索吊装系统除了上述各部件外，还有扣索、扣索排架、扣索地锚、扣索绞车等部件。

4.浮吊

浮吊是在通航河流上建桥的重要工作船。常用的浮吊有铁驳轮船浮吊和用木船、型钢及人字扒杆等拼成的简易浮吊。我国目前使用的最大浮吊起重量已达500t。通常简易浮吊可以利用两只民用木船组拼成门船，用木料加固底舱，舱面上安装型钢组成底板构架，上铺木板，其上安装人字扒杆制成。

5.架桥机

架桥机是架设预制梁（构件）的专用设备。铁路常用32m以下、公路常用50m以下的混凝土简支T梁，通常采用预制安装法施工，为此需要专用架桥机。如今，大型预制箱梁也经常采用架桥机架设。不同型号的架桥机结构特点、功能及架梁工序有所不同。

五、道路桥梁工程施工技术的发展趋势

（一）在施工方案的拟订和选择方面

在施工方案的拟订和选择过程中，应充分利用电子计算机及其他现代化先进手段，综合考虑材料、机具、工期、造价等因素进行方案优化，以获取最大的经济效益与社会效益。

（二）在施工工艺方面

在道路施工过程中，土方石的综合爆破，稳定（加固）土，旧有沥青及水泥混凝土再生，工业废料筑路及水泥、沥青、土壤外加（改性）剂等工艺将有突破性进展。在钢桥制造方面，国外已较普遍应用电子计算机放样、画线和管理，采

用数控坐标精密切割代替刨铣机械加工，采用光电跟踪焊接技术等。

（三）在施工机械、设备方面

在施工机械、设备方面，未来将会出现利用单机配套机械进行流水作业和多功能联合施工的机械；为实现施工机械自动化，还将使用电子装置和激光技术对施工现场进行遥控监测。

在混凝土桥梁的预应力体系方面，早在20世纪六七十年代，国外就已经开发并完善了一系列适用于平行钢绞线、钢丝束、粗钢筋等的预应力筋锚固体系及相应的连接器和张拉设备，我国在引进这些先进技术的基础上进行了研发，并且成功研制出一些自己的锚具设备。

（四）在施工检测技术方面

在施工检测技术方面，未来将广泛使用自动连续测量动、静两种荷载作用下的路基、路面弯沉仪和曲率半径仪；研究使用冲击波、超声波测定道路结构的强度和弹性模量，并研究使用雷达波、同位素方法等测定密实度和厚度，以及使用电脑自动连续测量路面抗滑性能和平整度的仪器等。

（五）在施工作业方面

未来在施工作业过程中，会大量使用预制结构，并且将会实现人工构造物的标准化与工厂化。

（六）在特殊路基处理方面

未来在特殊路基处理过程中，会充分应用生化技术，在最大限度上利用当地的施工材料，节约施工成本。

（七）在各种环保和交通工程设施的施工方面

未来在环保以及交通工程设施的施工方面，例如，声屏墙、减噪路面及绿化工程等的施工技术将会提高到新水平。

（八）在施工与技术结合方面

未来施工技术的发展将更好地满足设计要求，设计与施工的结合将更加密切。

第二章 路基施工

第一节 路基施工前的准备工作

一、熟悉设计文件

设计文件是组织工程施工的主要依据。熟悉、审核施工图纸是领会设计意图、明确工程内容、分析工程特点的重要环节。在有关施工人员熟悉图纸、充分准备的基础上，由建设单位负责人召集设计、施工、监理科研人员参加图纸会审会议。设计人员向承包人作图纸交底，讲清设计意图和对施工的主要要求。施工人员应对图纸和有关问题提出质询，最终由设计单位吸取图纸会审中提出的合理化建议，按程序进行变更设计或作补充设计。

二、现场踏勘

路基工程施工前，需要对现场进行勘察，确保实际情况与设计图纸保持一致，一旦发现问题，就要及时调整。现场踏勘的内容主要包含以下几点。

第一，对施工有影响需要拆迁的各种建筑物、构筑物、公用事业杆线、管道和附属设施以及树木、农作物、坟墓等。

第二，因施工影响沿线建筑物、构筑物、公用事业杆线、管道安全，需加固保护的结构、数量和确切位置。

第三，沿线需重点保护的历史文物、古迹、测量标志及军事设施等。

第四，了解沿线填方、挖方的地段和数量以及可供借土或弃土的地点。

第五，摸清沿线可利用的排水沟渠和下水道，及以往暴雨后的积水情况，以便考虑施工期间的排水措施。

第六，了解现场附近供水、供电、通信设施、运输路线、场地及其他设施的情况。

第七，对外露的检查井、消防栓、人防通气孔等应在图上标明，以备核对，避免埋没或堵塞。

第八，了解沿线各单位因施工受到的影响情况及车辆交通影响，以便提出安排方案。

三、编制施工大纲与施工组织设计

编制施工大纲是指在道路工程施工之前，需要结合设计图纸与现场踏勘的实际情况，编制施工大纲，确定施工顺序、施工方法、施工进度以及用工、用料计划等。

施工组织设计是指导施工现场全过程、规划性、全局性的技术、经济和组织的综合性规划，是施工准备工作的重要组成部分。通过施工组织设计，能为施工企业编制施工计划，为实施施工准备工作计划提供依据，保证拟建工程施工的顺利进行。

四、编制施工图预算和施工预算

在设计交底和图纸会审的基础上，施工组织设计已被批准，预算部门即可着手编制单位工程施工图预算和施工预算，以确定人工、材料和机械费用支出；确定人工数量、材料消耗数量及机械台班使用量等。

施工图预算是由施工单位主持，在拟建工程开工前的施工准备工作期间所编制的确定建筑安装工程造价的经济文件，是施工企业签订工程承包合同，工程结算，银行拨、贷款，进行企业经济核算的依据。

施工预算是根据施工图预算、施工图样、施工组织设计和施工定额等文件，综合企业和工程实际情况所编制的。施工预算在工程确定承包关系以后进行，是施工单位内部经济核算和班组承包的依据。

五、物资准备工作

物资准备工作是指施工中针对必需的劳动手段和施工对象的准备工作。它是根据各种物资的需要量计划，分别落实货源、组织运输和安排储备，以保证满足连续施工的需要。物资准备包括各种材料与机具设备购置、采集、调配、运输和储存，临时便道及工程房屋的修建，供水、供电、必需生活设施等的安装及建设等工作。

在道路施工前，各种生产、生活必需的临时设施，如各种仓库、搅拌站、预制构件厂（站、场）、各种生产作业棚、办公用房、宿舍、食堂、文化设施等均应按施工组织需要的数量、标准、面积、位置等在施工前修建完毕。

修建完成各种生产、生活必需的临时设施后，应及时根据施工组织设计确定的材料、半成品、预制构件的数量、品种、规格以及施工机具设备，编制好物资供应计划，按计划订货和组织进货，按照施工平面图要求将货物在指定地点堆存或入库；对沙子、碎石、钢材等材料应提前做各种试验，确定其是否满足设计要求；对各种标号混凝土提前做好配比；对施工机械和机具需用量进行计划，按计划进场安装、检修和试运转。

六、测量控制

（一）导线复测

当原测中线的主要控制桩由导线来控制时，施工单位必须根据设计资料认真做好导线复测工作，根据地面上的控制桩做好检查复测工作。

导线复测要求精度较高，应采用现代先进的测量仪器（如红外线测距仪等）进行测量，测量精度应符合有关规定。在进行正式测量前，应对使用的仪器进行认真检验、校正，以确保其测量精度。

当原有导线点不能满足施工要求时，应适当加密，保证在公路施工全过程中相邻导线点间能互相通视。

复测导线时，必须确保其和相邻施工段的导线闭合。

对妨碍施工的导线点，在施工前应当加以固定，固定方法可采用交点法或其他固定方法。设置的护桩应牢固可靠，桩位应便于架设测量仪器，并设在施工范围以外。其他控制点也可以参照此法进行固定。

（二）水准点复测与加密

水准点精度应符合技术标准的规定；沿路线每500m应设一个水准点。在结构物附近、高填深挖路段、工程量集中及地形复杂路段，要增设水准点。临时水准点必须符合相应等级的精度要求，并与相邻水准点闭合；当水准点有可能受到施工影响时，应进行处理。

（三）中线放样

路基开工前，要进行全段中线放样并固定路线主要控制桩，高速公路、一级公路宜采用坐标法进行测量放样；中线放样时，要注意路线中线与结构物中心、相邻施工段的中线闭合，发现问题要及时查明原因，并进行处理；设计图纸和实际放样不符时，必须查明原因后进行处理。

（四）横断面图核对

横断面图是否准确，关系到施工放样、工程量计算、施工标准、场地布置和工程结算等。在路基正式施工前，应详细检查、核对设计单位提供的横断面图，如果发现问题，应进行复测，并及时报告监理工程师和业主。如果设计单位未提供横断面图，应按照有关规定全部进行补测。

（五）路基工程放样

在路基工程正式施工前，应根据恢复的路线中桩、设计图表、施工机械、施工工艺和有关规定，确定路基用地界桩、路堤坡脚桩、路堑堑顶桩、边沟、取土坑、护坡道、弃土堆等的具体位置。在距路中心一定安全距离处，还要设立控制桩，其间距一般不宜大于50m。在桩上应注明桩号、相对路中心的填挖高，通常用"+"表示填方，用"–"表示挖方。

在放完边桩后，应进行边坡的放样。对于深挖高填地段，每挖、填5m应复测一次中线桩，测定其标高及宽度，以控制边坡角的大小。

对于施工工期较长的公路工程，在路基工程施工期间，应至少每半年复测一次水准点。在季节冻融地区施工的路基，冻融后也应对水准点进行复测。

采用机械施工时，应在边桩处设立明显的填挖标志。高速公路和一级公路在施工过程中，宜在不超过200m的路段内，距中心桩一定距离处埋设能够控制标高的控制桩，从而进行准确的施工控制。如果在施工中桩被碰倒或丢失，应当及时按规定将其补上，以免影响工程的正常施工。

七、试验

路基施工前，按照有关规定和要求，建立工地实验室；要对路基基底土进行相关试验，每千米至少取2个点。土质改变时，视具体情况增加取样点数；要及时对来源不同、性质不同的拟作为路基填料的材料进行复查和取样试验，试验项目包括天然含水量、液限、塑限、标准击实试验、CBR试验等，必要时应进行颗粒分析、比重、有机质含量、易溶盐含量、冻胀和膨胀量等试验；如使用特殊材料作为填料，应按相关标准做相应试验，必要时还应进行环境影响评估，经批准后方可使用。

八、施工场地的准备

（一）搭建临时设施

现场生活和生产用地临时设施，在布置安装时，要遵照当地有关规定进行规划布置，如房屋的间距、标准是否符合卫生和防火要求，污水和垃圾的排放是否符合环境的要求等。因此，临时建筑平面图及主要房屋结构图都应报请城市规划、市政、消防、交通、环境保护等有关部门审查批准。

各种生产、生活用的临时设施，包括各种仓库、混凝土搅拌站、预制构件场、机修站、各种生产作业棚、办公用房、宿舍、食堂、文化生活设施等，均应按批准的施工组织设计规定的数量、标准、面积、位置等要求组织修建。大、中型公路工程可分批分期修建。

（二）临时交通便道

在工地布设临时交通便道时应遵循下列原则。

临时交通道路以最短距离通往主体工程施工场所，并连接主干道路，使内外交通便利；充分利用原有道路，对不满足使用要求的原有道路，应在充分利用的基础上对其进行改建，节约投资和施工准备时间；在本工程的施工与现有的道路、桥涵发生冲突和干扰之处，承包人都要在本工程施工之前完成改道施工或修建临时道路；利用现有的乡村道路作为临时道路，应将该乡村道路进行修整、加宽、加固及设置必要的交通标志，并经监理工程师验收合格后方可通行；工程施工期间，应配备人员对临时道路进行养护，以保证临时道路的正常通行；尽量避开洼地和河流，不建或少建临时桥梁。

（三）清理场地

清理场地也是路基工程施工前的一项重要准备工作。如场地清理不符合要求，不仅不能保证公路工程的质量，而且会严重影响整个工程的施工进度。清理场地主要包括以下工作。

在进行路基工程施工之前，需要根据设计说明书上的具体要求进行公路用地放样工作，由业主进行土地征用工作及手续的办理。作为施工单位，需要根据实际施工过程中的用地需要，向相关部门提出增加临时用地计划，并且对增加的部分进行测量，将测量的数据汇总，形成平面图，上交给相关部门，以便拆迁及临时用地手续等工作的进行。

在路基施工用地的范围内，如果有房屋、道路以及各种通信及电力设施等构筑物，施工之前需要向有关部门进行协商，以便进行拆迁或改造。如果在施工地点附近存在较为危险的建筑物，那么为了保障施工安全和施工质量，需要将存在危险的建筑物加固。若在施工范围内存在文物古迹，应与相关部门进行协商，尽可能地保护文物古迹。

在路基工程施工之前，需要将施工范围内的树木进行清理。可以将树木移植到路基工程的施工范围之外，如果需要砍伐树木，那么被砍伐的树木也要转移到路基用地的范围外，并进行妥善处理，避免火灾等安全事故的发生。

九、试验路段施工

一般情况下，路基开工前要进行试验路段施工；路段长度不宜少于100m（在试验段起终点增加10～20m的富余工作面）；试验路段应选择在地质条件、断面形式等工程特点具有代表性的地段；调查后，编写试验路段的开工报告并报批（附拟定的施工组织设计方案、施工工艺等）。

路堤试验路段施工包括以下内容：第一，填料试验、检测报告等。第二，压实工艺主要参数：机械组合；压实机械规格、松铺厚度、碾压遍数、碾压速度；最佳含水量及碾压时含水量允许偏差等。第三，过程质量控制方法、指标。第四，质量评价指标、标准。第五，优化后的施工组织方案及工艺。第六，原始记录、过程记录。第七，对施工设计图的修改建议等。

第二节　填筑路基土石方工程施工

一、填方路基施工

（一）路基填料的选择

1.路基填料的一般要求

含草皮、生活垃圾、树根、腐殖质的土严禁作为填料。

泥炭、淤泥、冻土、强膨胀土、有机质土及易溶盐超过允许含量的土，不得直接用于填筑路基。确需使用时，必须采取技术措施进行处理，经检验满足设计要求后方可使用。

液限大于50%、塑性指数大于26、含水率不适宜直接压实的细粒土，不得直接作为路堤填料。需要使用时，必须采取技术措施进行处理，经检验满足设计要求后方可使用。

粉质土不宜直接填筑于路床，不得直接填筑于冰冻地区的路床及浸水部分的路堤。

2.路基填料的工程性质

（1）石质土

石质土由粒径大于2mm的碎（砾）石，其含量由25%～50%及大于50%两部分组成。如碎（砾）石土，空隙度大，透水性强，压缩性低，内摩擦角大，强度高，属于较好的路基填料。

（2）沙土

沙土没有塑性，但透水性好，毛细水上升高度很小，具有较大的摩擦系数。沙土路基强度高，水稳定性好。但沙土黏性小，易于松散，受水流冲刷和风蚀易损坏，在使用时可掺入黏性大的土改善质量。

（3）沙性土

沙性土是良好的路基填料，既有足够的内摩擦力，又有一定的黏聚力。一般遇水干得快、不膨胀，易被压实，易构成平整坚实的表面。

（4）粉质土

粉质土不宜直接填筑于路床，必须掺入较好的土体后才能用作路基填料，且在高等级公路中，只能用于路堤下层（距路槽底0.8m以下）。

（5）轻、重黏土

轻、重黏土不是理想的路基填料，规范规定，液限大于50%，苏醒指数大于26，含水量不适宜直接压实的细粒土，不得直接作为路基填料，需要使用时，必须采取技术措施进行处理，经检查满足设计要求后方可使用。

（6）黄土、盐渍土、膨胀土

黄土、盐渍土、膨胀土等特殊土体不得已必须用作路基填料时，应严格按其特殊的施工要求进行施工。泥炭、淤泥、冻土、有机质土、强膨胀土、含草皮土、生活垃圾、树根和含有腐殖物质的土不得用作路基填料。

（7）煤渣、高炉矿渣、钢渣、电石渣

满足要求（最小强度CBR、最大粒径、有害物质含量等）或经过处理之后满足要求的煤渣、高炉矿渣、钢渣、电石渣等工业废渣可以用作路基填料，但在使用过程中应注意避免造成环境污染。

（二）路堤填筑

1. 土方路堤填筑

（1）填筑要求

性质不同的填料不能混合在一起，而是根据填料的性质水平分层、分段填筑，最后分层压实。需要注意的是，每种填料的填筑层在完全压实之后的厚度最低为500mm，最后一层的厚度最低为100mm。

路基的最上层应该填筑对潮湿或者冻害敏感度低的材料。越是强度小的材料，越应该填筑在底层。如果路基施工的地带存在地下水或者临水，那么填料应该选择透水性好的材料。

在透水性不好的压实层上填筑透水性较好的填料前，应在其表面设2%～4%的双向横坡，并采取相应的防水措施。不得在由透水性较好的填料所填筑的路堤边坡上覆盖透水性不好的填料。每种填料的松铺厚度应通过试验确定，每一填筑层压实后的宽度不得小于设计宽度。

路堤填筑时，应从最低处起分层填筑，逐层压实。当原地面纵坡大于12%或横坡陡于1：5时，应按设计要求挖台阶，或设置坡度向内并大于4%、宽度大于2m的台阶。

填方分几个作业段施工时，接头部位如不能交替填筑，则先填路段，应按1：1坡度分层留台阶。如能交替填筑，则应分层相互交替搭接，搭接长度不小于2m。

（2）一般填筑方法

①水平分层填筑：填筑时按照横断面全宽分成水平层次，逐层向上填筑。如原地面不平，应由最低处分层填起。每填一层，经压实合格后再填上一层。此法施工操作方便、安全，压实质量易保证。

②纵坡分层填筑：适用于推土机或铲运机从路堑取土填筑运距较短的路堤。依纵坡方向分层，逐层推土填筑。原地面纵坡小于20°的地段可用此法施工。

③横向填筑：从路基一端按各横断面的全高，逐步推进填筑，适用于无法自下而上分层填土的陡坡、断岩或泥沼地区。此法不易压实，且还有沉陷不均匀的缺点。为此，应采用必要的技术措施，如选用高效能的压实机械（振动压路机）碾压，采用沉陷量较小的沙性土或废石方作填料等。

④混合填筑：当高等级公路路线穿过深谷陡坡，尤其是在要求上部的压实度标准较高时，下层施工应采用横向填筑，上层施工应采用水平分层填筑，此种方法称为混合填筑法。

（3）机械填筑路堤作业方式

①推土机填筑路堤作业方式：推土机作业包含四个环节：切土、推土、堆斜和空反，对推土机的工作效率影响最大的环节为切土与推土。切土环节的速度以及推土过程中对能量的利用程度是决定推土机推土效率的主要因素。推土机的作业方式很多，常见的有坑槽推土、波浪式推土、并列推土、下坡推土和接力

推土。

②挖掘机填筑路堤作业方式：填筑路堤这项工作也可以由挖掘机来完成。挖掘机有两种工作方式：第一，挖掘机直接从路基的一层挖土，然后将这些土卸向另一侧，用来进行路堤填筑。一般情况下，采用这种方式施工时，人们会使用反铲挖掘机。第二，使用运土车辆配合挖掘机进行工作。挖掘机将挖出的土壤装至运土车内，由运土车将土壤运送到需填筑路堤的路段。这是目前使用较为广泛的作业方式，尤其是取土场地比较集中、运送距离相对较长的工作环境，且正铲挖掘机与反铲挖掘机都能够适应这种工作方式。

2.填石路堤填筑

（1）基底处理

填方地段的基地需要进行严格处理。如果地面的坡度大于1：2.5，那么应挖台阶，如果基底下有淤泥、地下水等，这样的基底需要进行特殊处理，在施工之前需要报请监理工程师，得到批准签字之后，才能进行施工。

填石路堤的填料相对来说较为坚硬，进行压实工作比较困难，填石材料又具有较高的透水性，水非常容易通过路面、边坡等位置进入基底，导致路基潮湿，严重时可能会使路面产生不均匀沉降等问题。

（2）填筑要求

填石路堤填筑应根据试验路段得出的施工技术参数，按照运输车辆运量测算的尺寸，用白灰画柜卸填料（方格不小于4m×4m），严格进行拉线施工，控制每层的松铺厚度。

在进行填石路堤施工时，每填筑一层，都需要对其宽度进行放样处理，将设计边线清晰地标记出来，以便后期能随时检查，避免填筑的宽度不符合要求。需要注意的是，在用白灰绘制设计边线时，路基碾压应从超填宽度的边缘起，由外向内推进。

用大型推土机按其松铺厚度摊平，个别不平处人工找平。在整修过程中，发现有超粒径的石块应予以剔除，做到粗颗粒分布均匀，避免出现粗颗粒集中现象。

（3）填筑方法

①竖向填筑法：竖向填筑法主要用于铺设二级及二级以下的低级路面公路，包括施工特别困难的陡峻山坡或需大量爆破的填路段，以及无法自下而上分

层填筑的陡坡、断岩、泥沼地区和涉及水中作业的填石路堤。使用该方法施工路基易出现压实、稳定问题。

②分层压实法：分层压实法是目前采用较为普遍且作业质量较高的方法之一。分层压实法从下到上分为若干个层次，依次填筑、依次压实。一级公路、高速公路以及某些高级路面的填石路施工都采用分层压实法施工。

③冲击压实法：冲击压实机的冲击碾以大振幅低频率对路基填料进行冲击，压密填方；强力夯实法用起重机吊起夯锤从高处自由落下，利用强大的动力冲击，迫使岩土颗粒位移，提高填筑层的密实度和地基强度。

3. 土石路堤施工

（1）填筑要求

利用卵石土、块石土、红砂岩等天然土石混合材料填筑的路堤称为土石混填路堤。在土石混合填料中不得采用倾填法施工，应进行分层填筑、分层压实，分层松铺厚度宜为30cm（应根据压实机械类型和规格经试验后确定），石料最大粒径不得超过压实厚度的2/3。

（2）施工方法

土石路堤不允许采用倾填方法，均应分层填筑、分层压实，每层铺填厚度应根据压实机械类型和规格确定，一般不宜超过40cm。施工方法主要包括以下几点。

按填料渗水性能来确定填筑方法。即压实后渗水性较大的土石混合填料应分层分段填筑，如需纵向分幅填筑，则应将压实后渗水性较好的土石混合填料填筑于路堤两侧。

按土石混合料不同来确定填筑方法。即当所有土石混合料岩性或土石混合比相差较大时，应分层分段填筑。如不能分层分段填筑时，应将硬质石块混合料铺筑于填筑层下面，且石块不得过分集中或重叠，上面再铺含软质石料的混合料，然后整平碾压。

按填料中石料含量来确定填筑方法。即当石料含量超过70%时，应先铺填大块石料，且大面向下，放置平稳。再铺填小块石料、石渣或石屑，嵌缝找平，然后碾压。当石料含量小于70%时，土石可以混合铺筑，且硬质石料（特别是尺寸大的硬质石料）不得集中。

二、挖方路基施工

（一）土质路堑施工

1.土质路堑施工注意事项

（1）路堑排水

路堑区域施工时，应保证在施工过程中和竣工后能顺利排水。因此，应先在适当的位置开挖截水沟，设置排水沟，以排除地面水和地下水。

路堑设有纵坡时，下坡的坡段可直接挖到底，上坡的坡段必须先挖成向外的斜坡，最后再挖去剩下的土方；路堑为平坡时，两端都要先挖成向外的斜坡，最后挖去余下的土方。

（2）废方处理

路堑挖出的土方，除可利用的外，多余的土方应按弃土堆废弃，并不得妨碍路基的排水和路堑边坡的稳定。同时，弃土应尽可能用于改地造田，美化环境。

（3）设置支挡工程

为了保证土方路堑边坡的稳定，应及时设置必要的支挡工程。开挖时，应自上而下、逐层进行，以防边坡塌方，尤其在地质不良地段，应分段开挖，分段支护。

2.路堑开挖的方法

（1）横向挖掘法

①单层横挖法：单层横挖法是从路堑的一端或两端按路堑横断面全高和全宽，逐渐地向前开挖，挖出的土石，一般是向两头运送。这种开挖方法，因工作面小，仅适用于短而浅的路堑，可一次性挖到设计标高。

②多层横挖法：如果路堑较深，可以在不同高度上分成几个台阶同时开挖，每一开挖层都有单独的运土出路和临时排水措施，做到纵向拉开，多层、多线、多头出土，这种开挖方法称为多层横挖法。这样能够增加作业面，容纳更多的施工机械，形成多向出土以加快工程进度。

（2）纵向挖掘法

①分层纵挖法：沿路堑全宽，以深度不大的纵向分层前进挖掘的作业方式称为分层纵挖法。本法适用于较长的路堑。施工中，路堑长度较短（＜100m），开挖深度不大于3m，地面较陡时，宜采用日推土机作业，其适当运距为

20~70m，最远不宜大于100m。当地面横坡较平缓时，表面宜横向铲土，下层宜纵向推运。当路堑横向宽度较大时，宜采用两台或多台推土机横向联合作业。当路堑前方为陡峻山坡时，宜采用斜铲推土。

②通道纵挖法：沿路堑纵向挖掘一通道，然后将通道向两侧拓宽，上层通道拓宽至路堑边坡后，再开挖下层通道，按此方向直至开挖到挖方路基顶面标高，此方法称为通道纵挖法。这是一种快速施工的有效方法，通道可作为机械行驶和运输土方车辆的道路，便于挖掘和外运的流水作业。

③分段纵挖法：沿路堑纵向选择一个或几个适宜处，将较薄一侧路堑横向挖穿，将路堑在纵方向上，按桩号分成两段或数段，各段再纵向开挖，此方法称为分段纵挖法。本法适用于路堑较长、弃土运距较远的傍山路堑或一侧的堑壁不厚的路堑。

（3）混合式开挖法

混合式开挖法即将横挖法与通道纵挖法混合使用，这种方法适用于纵向长度和深度都很大的路堑。先将路堑纵向挖通，然后沿横向坡面进行挖掘，以增加开挖坡面。为了加快工程进度，施工中，在每一个坡面分别设置一个机械施工班组进行作业。

（二）石质路堑施工

1. 开挖要求

确定开挖程序之后，根据岩石的条件、开挖尺寸、工程量以及施工技术要求，选择合适的开挖方法。石质路堑开挖的基本要求如下：必须保证施工安全与开挖质量；保证开挖强度，并且能够在既定工期内完工；施工方法要有利于维护岩体的完整和边坡的稳定性；减少辅助工程的数量。

2. 开挖方法

（1）爆破法

①光面爆破：在开挖限界的周边，适当排列一定间隔的炮孔，在有侧向临空面的情况下，用控制抵抗线和药量的方法进行爆破，使之形成一个光滑平整的边坡。

②预裂爆破：在开挖限界处按适当间隔排列炮孔，预先炸出一条裂缝，使拟爆体与山体分开，作为隔震减震带，起保护和减弱开挖限界以外山体或建筑物的

地震破坏作用。

③微差爆破：两相邻药包或前后排药包以毫秒的时间间隔（一般为15～75ms）依次起爆，称为微差爆破，亦称毫秒爆破。爆破最好采用毫秒雷管。多排孔微差爆破是浅孔及深孔爆破发展的方向。

④洞室爆破：为使爆破设计断面内的岩体大量抛掷（抛坍），减少爆破后的清方工作量，保证路基的稳定性，可根据地形和路基断面形式，采用抛掷爆破、定向爆破、松动爆破的方法。

（2）松土法

利用岩体的各种裂缝和结构面可以采用松土法开挖。该方法是先用推土机牵引松土器将岩体翻松，再用推土机、装载机与自卸汽车配合，将翻松的岩块搬运到指定地点。

（3）破碎法

破碎法开挖是利用破碎机凿碎岩块，然后进行挖运等作业。这种方法是将凿子安装在推土机或挖土机上，利用活塞的冲击作用使凿子产生冲击力以凿碎岩石，其破碎岩石的能力取决于活塞的大小。

破碎法主要用于岩体裂缝较多、岩块体积小、抗压强度低于100MPa的岩石。由于开挖效率不高，只能用于前述两种方法不能使用的局部场合，作为爆破法和松土法的辅助作业方式。

三、路基压实

（一）路基压实的意义与作用机理

1.路基压实的意义

路基施工破坏了土体的天然状态，致使其结构松散，颗粒重新组合。试验研究表明，土基压实后，土体的密实度提高，透水性降低，毛细水上升高度减小，避免了因水分积聚和侵蚀而导致的土基软化，或因冻胀而引起的不均匀变形，提高了路基的强度和水稳定性。

2.路基压实机理

路基土是由土粒、水分和空气组成的三相体系。三者具有各自的特性，并相互制约共存于一个统一体中，构成土的各种物理特性——渗透性、黏滞性、弹性、塑性和力学强度等。若三者的组成情况发生改变，则土的物理性质也随之不同。因此，要改变土的特性，得从改变其组成着手。

（二）土质路基的压实

1.影响土质路基压实的因素

（1）含水量对压实效果的影响

土中含水量对压实效果的影响比较显著。当含水量较小时，由于粒间引力使土保持着比较疏松的状态或凝聚结构，土中空隙大都互相连通，水少而气多，在一定的外部压实功能作用下，虽然土空隙中气体易被排出，密度可以增大，但由于水膜润滑作用不明显，压实功能不足以克服粒间引力，土粒相对移动不容易，因此压实效果比较差。含水量逐渐增大时，水膜变厚，引力减小，水膜起润滑作用，外部压实功能比较容易使土体相对移动，压实效果较佳。土中含水量过大时，空隙中出现了自由水，压实功能不可能使水排出，压实功能一部分被自由水抵消，减小了有效压力，压实效果反而降低。然而，含水量较小时，土粒间引力较大，虽然干密度较小，但其强度可能比最佳含水量时还要高。可此时因密实度较低，空隙多，一经饱水，其强度会急剧下降。这又得出结论：在最佳含水量情况下，压实的土水稳性最好，最佳含水量和最大干密度是两个十分重要的指标，对路基设计和施工很有用处。

（2）土质对压实效果的影响

不同的土质具有不同的最佳含水量及最大干密度，其压实效果也不同。土粒越细，比面积越大，土粒表面的水膜越多。加之黏土中含有亲水性较高的胶体物质，因此，分散性（液限、黏性）较高的土，其最佳含水量较高而最大干密度较低。对于沙土，由于其颗粒粗呈松散状，水分易于散失，故最佳含水量对其没有更多的实际意义。

（3）压实功能对压实效果的影响

压实功能是指压实机具重力、碾压次数、作用时间等，压实功能是影响压实效果的又一重要因素。通常对同一种土，随着压实功能的增大，最佳含水量会随之减小，最大干密度会随之增加。因此，增大压实功能是提高土基密实度的另一方法。由于压实功能增加到一定程度后，土的密度增长就不明显了，因此，这种方法有一定局限性。最经济的办法是严格控制工地现场含水量，使碾压在接近最佳含水量时进行，这样便容易达到规定的压实度。

2. 压实工作的技术要领

以压实原理为依据，以尽可能小的压实功能获得良好的压实效果为目的，压实工作必须很好地组织，并注意以下要点。

填土层在压实前应先整平，可自路中线向路堤两边做2%～4%的横坡；压实机具应先轻后重，以适应逐渐增长的土基强度；碾压速度应先慢后快，以免松土被机械推走；压实机具的工作路线，应先两侧后中间，以便形成路拱，再从中间向两边顺次碾；在弯道部分设有超高时，由低的一侧边缘向高的一侧边缘碾压，以便形成单向超高横坡，前后两次轮迹（或夯击）须重叠15～20cm；压实时应特别注意均匀，否则可能引起不均匀沉陷；经常检查土的含水量，并视需要采取相应措施。

（三）填石路基的压实

填石路基在压实前，应用大型推土机摊铺平整，个别不平处，应用人工配合以细石屑找平。由于压实施工是将各石块之间的松散接触状态改变为紧密咬合状态，因此，应选择工作质量在12t以上的重型振动压路机、工作质量在2.5t以上的重锤或25t以上的轮胎式压路机压（夯）实。

（四）土石路基的压实

土石路基的压实方法与技术要求，应根据混合料中巨粒土含量多少来确定。当巨粒土的含量大于70%时，应按填石路基的方法和要求进行压实；当巨粒土的含量小于50%时，应按填土路基的方法和要求进行压实。

第三节　特殊路基施工

一、软土路基施工技术

（一）换填法施工

1. 开挖换填法

将需要处理的软弱层挖出，采用适当换填材料回填并压实。此法适用于软弱土层埋藏较浅，挖换深度不超过3m的情况。

2. 抛石挤淤法

一般采用块径不小于30cm的片石，沿路中线向前抛填，再渐次向两侧扩展，或者从软弱层底面由高向低依次抛填，从而将基底的淤泥或泥炭等软弱土挤出。此法适用于排水困难的洼地，软弱土层较薄，易于流动，表层无硬壳的情况。

3. 爆破排淤法

在软弱土层中实施爆破作业，利用爆破冲击力将软弱土层中淤泥或泥炭排走，再用良好的填料置换回填。此法换填深度大、功效高，但注意应避免爆破对周围环境的不良影响。

含水量小、回淤较慢的软土或泥沼，应先爆后填，即爆即填；含水量大而回淤较快的软土或泥沼，可先填后爆，填料随爆下沉，以免回淤。

（二）排水固结法施工

1. 排水固结法概述

排水固结法是在软土地基中设置竖向排水体，然后对软土地基预先施加一个外部荷载，使得软土土体中的孔隙水逐渐被排出加固区外而固结，从而使土的含水量降低，孔隙比减小，抗剪强度提高，以达到提高地基承载力和减少工后沉降的目的。

排水固结法通常由排水系统和加压系统两部分组成。

加压系统是对软土地基施加一个临时起固结作用的荷载，促使土中的孔隙水在压差的作用下向外渗流，从而达到固结的目的。

按加压方式的不同，排水固结法可分为堆载预压法、真空预压法、真空堆载联合预压法、电渗降水法、降低地下水位法等。

排水系统主要是为了改变软土地基原有排水边界条件，增加孔隙水排出的通道，缩短排水路径。

该系统由竖向排水体和水平向排水体组成，竖向排水体是普通沙井、袋装沙井、塑料排水带；水平向排水体是沙垫层、软式透水管或盲沟，两者共同组成立体的排水管网。

2. 施工方法

（1）沙井法

用锤击、震动、射水等方式成孔，在孔内灌沙形成沙井。沙井表面铺设0.5～1.0m厚的沙垫层或沙沟。排水固结速度与堆载量大小、加载速度、沙井直径、间距、深度等因素有关。

（2）排水板法

用纸板、纤维、塑料或绳子代替沙井的沙做成排水井。其原理和方法完全与沙井排水法相同。基本上以带沟槽的塑料芯板作为排水板，因此，又称塑料板法。

（3）盲沟排水法

在路堤填方前深挖纵向、横向沟，回填碎石，排出地下水，以达到路基固结的目的。此外，排水固结法还包括降水预压和真空顶压等新技术。

（三）其他特殊地基处理方法

1. 沙桩挤密法

沙桩挤密法指用振动、冲击或水冲等方式在软弱地基成孔后，再将沙挤压入已成的孔中，形成大直径的沙所构成的密实桩体。

2. 碎石挤密桩法

碎石挤密桩加固软弱地基，主要是利用夯锤的垂直夯击填入孔中的碎石，夯击能量通过碎石向孔底及四周传递，将孔底及桩周围的土挤密，并有一些碎石挤入碎石桩四周的软土中。在形成碎石桩的同时，桩周也形成一个与碎石胶结的挤密带，提高原地基的承载力，碎石桩与桩间地基土形成复合地基，共同承担上部荷载。

3. CFG桩法

水泥粉煤灰碎石桩简称CFG桩，是在碎石桩基础上加进一些石屑、粉煤灰和少量水泥，加水拌和制成的一种具有一定黏结强度的桩，和桩间土、褥垫层一起形成复合地基。CFG桩法也是近年来新开发的一种地基处理技术。

4. 树根桩法

树根桩是一种用压浆方法成桩的微型桩。树根桩是指桩径在70~250mm，长径比大于30，采用螺旋钻成孔、加强配筋和压力注浆工艺成桩的钢筋混凝土就地灌注桩。

5. 夯实扩底桩与混凝土薄壁管桩法

夯实扩底灌注桩（简称夯实扩底桩），通过击入沉管全部现浇混凝土，利用重锤夯击桩端新灌混凝土，在最大限度扩大桩头的同时，对桩端地基强制夯实挤密。通过桩端截面的增大和对地基土的挤密，显著提高桩头地基承载能力，进而提高桩端竖向承载力。然后现浇混凝土桩身，形成桩侧摩阻力。

二、湿陷性黄土地区路基施工

（一）湿陷性黄土路基病害

在自重湿陷性黄土地区，由于降雨或灌溉在路侧形成积水的持续下渗，湿陷性黄土层发生湿陷，在地表面形成平面为椭圆形湿陷坑。一般的湿陷坑直径为15~30cm，中心坑深为30~60cm。最大的湿陷坑直径可达500~600cm，中心湿陷坑深度可达90~100cm。在湿陷坑范围内的路基、路面、桥涵、挡土墙随之发生沉陷、变形、开裂和破坏。

形成湿陷坑要具备两个条件：一是黄土层具有自重湿陷性且具有一定厚度；二是浸水要有一定的范围和足够的时间。

（二）湿陷性黄土路基施工

1. 湿陷性黄土填筑路堤

路床填料不得使用老黄土。路堤填料不得含有粒径大于100mm的块料；在填筑横跨沟堑的路基土方时，应做好纵横向界面的处理；黄土路堤边坡应拍实，并应及时予以防护，防止路表水冲刷；浸水路堤不得用黄土填筑。

2. 湿陷性黄土路堑施工

路堑施工前，应做好堑顶地表排水导流工程；路堑施工期间，开挖作业面应保持干燥；路堑路床土质符合设计规定时，则应将其挖除，另行取土，分层摊铺、碾压至规定的压实度，挖除厚度根据道路等级对路床的要求而定，高速公路、一级公路宜挖除50cm，其他公路可挖除20cm；路堑施工中，如边坡地质产生变形，应采取措施进行边坡的防护加固。

三、膨胀土地区路基施工

（一）膨胀土的工程特性

膨胀土在受潮后体积会扩大，也就是人们所说的膨胀；而在失水后体积会变小，产生收缩开裂的现象。膨胀土中的主要矿物成分以强亲水性矿物蒙脱石和伊利石为主。一般情况下，膨胀土多以硬塑或坚硬状态存在于自然界中，表面存在裂隙，并且裂隙会随着气候的变化扩大或者缩小。膨胀土在二级或者二级以上的阶地、山前丘陵和盆地边缘，地形坡度平缓，无明显自然陡坎的位置较多，主要特征有胀缩性、裂隙性和超固结性。膨胀土地区的路基更易发生剥落、冲蚀、泥流、溜坍、塌滑、滑坡、沉陷、纵裂、坍肩等病害。

（二）膨胀土路基施工

1. 路堤填筑

强膨胀土稳定性差，不应作为路堤填料；中等膨胀土宜经过加工后作为填料，用于二级及二级以上公路路堤填料时，改性处理后胀缩总率应不大于0.7%；弱膨胀土可根据当地气候、水文情况及道路等级加以应用。

2. 路堑开挖

挖方边坡不要一次挖到设计线，沿边坡预留厚度30～50cm，待路堑挖完时，再削去边坡预留部分，并立即浆砌护坡封闭。膨胀土地区的路堑，高速公路、一级公路的路床应超挖30～50cm，并立即用粒料或非膨胀土分层回填或用改性土回填，按规定压实，其他各级公路可用膨胀土掺石灰处治。

3. 路基填筑

膨胀土路基填筑松铺厚度不得大于30cm；土块粒径应小于3.75cm。路基完成后，当不能铺筑路面时，应按设计要求做封层，其厚度应不小于20cm，横坡不小于2%。

四、盐渍土地区路基施工

（一）盐渍土路基的主要病害

1. 溶蚀

溶蚀是指氯盐渍土及硫酸盐渍土中的盐分被水溶解，形成雨沟、洞穴，甚至湿陷、塌陷等路基病害。

2. 盐胀

盐胀是指路基边坡和路肩表层由于昼夜温度变化，变得疏松，多孔，易遭风蚀，并伴随沉陷。

3. 冻胀

氯盐渍土，当含盐量在一定范围内，由于冰点下降，水分积聚流动时间加长，会产生冻胀。但含盐量增加时，由于冰点降低更多，路基将不冻结或减少冻结，从而不产生冻胀或只产生轻冻胀。硫酸盐渍土存在和氯盐渍土类似的问题，但冰点降低不如氯盐多，因此影响不如氯盐显著。

4. 翻浆

氯盐渍土，当含盐量在一定范围时，不仅可以形成冻胀，也可以形成翻浆。这是因为氯盐渍土不仅聚冰多，而且液塑限低，蒸发缓慢。

（二）盐渍土路基施工

1. 路基的处理

盐渍土地区路基，必须先行处理。

一般含盐量大的土层多分布于地表，所以必须严格清除表层植被、盐壳、腐殖土等；在有湿陷性的地段，必须挖除表层湿土后进行换填，换填厚度不应小于30cm。换填沙砾石，分层碾压密实，然后分层填筑沙砾料，碾压达到规定压实度。

2. 路基毛细水隔断层的设置

设置毛细水隔断层时，在路基边缘以下40～60cm处（或路基底部）的整个路基宽度上设置。隔断层的材料可用卵石、碎石或其他粒径为0.5～5cm的沙砾，厚度采用15～30cm，并在上、下面各铺设一层5～10cm厚的粗沙或石屑作为反滤层，以防止隔断层失效。

3. 路基高度

根据有关地区的经验，碱土地段路基填土高度可比非盐渍土地段适当降低；在过干地区，深度饱和的地下盐水地段，路基填土高度可比低矿化度或有淡水地下水的路段适当降低。

第四节　路基工程质量通病及防治措施

一、路基压实质量问题的防治

（一）路基行车带压实度不足

1. 路基行车带压实度不足原因分析

压实程序的次数没有达到标准要求；使用的压实机械不合理，不同的厚度与不同的土质需要使用的压实机械不同；碾压作业过程比较草率，路面没有被碾压均匀；路基的含水量不符合规定；在填筑之前没有对其表面进行处理；土场存在多种土质的土壤，填筑时同一层可能出现了不同性质的填料；填土的颗粒过大使得颗粒与颗粒之间的间隙过大，形成路基之中的缝隙，或者使用的填料不符合标准。

2. 路基行车带压实度不足预防措施

确保压路机的碾压遍数符合规范要求；选用与填土土质、填土厚度匹配的压实机械；压路机应进退有序，碾压轮迹重叠、铺筑段落搭接超压应符合规范要求；填筑土应在最佳含水量±2%时进行碾压，并保证含水量的均匀；当前层因雨松软或干燥起尘时，应彻底处置至压实度符合要求后，再进行当前层的施工；不同类别的土应分别填筑，不得混填，每种填料层累计厚度一般不宜小于60cm；优先选择级配较好的粗粒土等作为路堤填料，填料的最小强度应符合规范要求；填土应水平分层填筑，分层压实，压实厚度通常不超过20cm，路床顶面最后一层通常不超过15cm，且满足最小厚度要求。

3. 路基行车带压实度不足治理措施

因含水量不适宜未压实时，应洒水或翻晒至最佳含水量后再重新进行碾压；因填土土质不适宜未压实时，应清除不适宜填料土，换填良性土后重新碾压；对产生"弹簧土"的部位，可将其过湿土翻晒，或掺生石灰粉翻拌，待其含水量适宜后重新碾压，或挖除换填含水量适宜的良性土壤后重新碾压。

（二）路基边缘压实度不足

1. 路基边缘压实度不足原因分析

路基填筑宽度不足，未按超宽填筑要求施工；压实机具碾压不到边；路基边缘漏压或压实遍数不够；采用三轮压路机碾压时，边缘带（0～75cm）碾压频率低于行车带。

2. 路基边缘压实度不足防治措施

路基施工应按设计的要求进行超宽填筑；控制碾压工艺，保证机具碾压到边；认真控制碾压顺序，确保轮迹重叠宽度和段落搭接超压长度；提高路基边缘带压实遍数，确保边缘带碾压频率高于或不低于行车带；校正坡脚线位置，路基填筑宽度不足时，返工至满足设计和规范要求（注意：亏坡补宽时应开台阶填筑，严禁贴坡），控制碾压顺序和碾压遍数。

二、路基边坡病害的原因及防治

（一）边坡滑坡病害的原因及防治

1.边坡滑坡病害原因分析

在设计过程中没有考虑到地震、洪水或者地下水位变化等自然原因；路基基地没有严格按照规定清理，存在一定量的软土，并且软土的厚度不均匀；填土工作进行的速度过快，而其中的沉降观测工作和侧向移位观测不到位；路基处于陡峭的斜坡面上；路基填筑层有效宽度不够，边坡二期贴补；路基顶面排水不畅；用透水性较差的填料填筑路堤处理不当；边坡植被不良；未处理好填挖交界面。

2.边坡滑坡病害防治措施

在设计路基时，充分考虑使用年限内地震、洪水和水位变化给路基稳定带来的影响；软土处理要到位，及时发现暗沟、暗塘并妥善处治；加强沉降观测和侧向位移观测，及时发现滑坡苗头；掺加稳定剂提高路基层位强度，酌情控制填土速率；路基填筑过程中严格控制有效宽度；用透水性较差的土填筑路堤下层时，应做成4%的双向横坡，如用于填筑上层，除干旱地区外，不应覆盖在由透水性较好的土所填筑的路堤边坡上；当原地面纵坡大于12%或横坡陡于1：5时，应按设计要求挖台阶，或设置坡度向内并大于4%、宽度大于2m的台阶。应从最低处起分层填筑，逐层填压密实；加强地表水、地下水的排除，提高路基的水稳性；减轻路基滑体上部重量或采用支挡、锚拉工程维持滑体的力学平衡，同时设置导流、防护设施，减少洪水对路基的冲刷侵蚀。

（二）边坡塌落病害的原因及防治

1.边坡塌落病害的原因分析

（1）土质路堑边坡塌落的原因

由于边坡土质属于很容易变松的沙类土、砾类土以及受到雨水浸入后易于失稳的土，而在设计或施工时采用了较小的边坡坡度；较大规模的崩塌，一般多发生在高度大于30m，坡度大于45°（大多数介于55°～70°）的路段；地处上缓下陡的凸坡和凹凸不平的陡坡；暴雨、久雨或强震之后，雨水渗入土体，使斜坡岩体的稳定性降低，或者由于流水冲掏下部坡脚，削弱斜坡的支撑部分，或者由于地震改变了坡体的稳定性及平衡状态而发生边坡塌落；在多年冰冻地区，由于开挖路基，含有大量冰体的多年冻土溶解，引起路堑边坡坍塌。

（2）石方路堑边坡塌落的原因

排水措施不当或施工不及时形成地表水和地下水；大爆破施工，施工时路堑开挖过深、过陡，或由于切坡使软弱结构面暴露，边坡岩体推动支撑；由于坡顶不恰当的弃土，增加了坡体重量。

2.边坡塌落病害的防治

（1）排水

在可能发生塌落的地段，必须做好地面排水设施。

（2）加固边坡

及时清除滑塌的土石方及路基上方的危岩、危石；对于土质路基，可种草或植树，对于风化的软质岩层，可修建干砌或浆砌护面墙；如有危及行车安全的路段，应拉警示带，设置必要的安全警示标志，并根据地形和岩层情况，采用嵌补、支顶等方法予以加固，设置拦截构造物；在小型塌落地段，应尽可能采取清除的办法，如由于基岩破坏严重，塌落的物质来源丰富，则宜修建落石平台、落石槽、拦石墙等构造物。

（3）设置支挡构造物

由于存在软弱结构面而易引起塌落的高边坡，可根据情况采用支挡构造物，以支撑边坡，防止软弱结构面的张开或扩大，主要防治公路上方的危岩危石等；采用柔性防护网。

三、高填方路基沉降病害的原因及防治

（一）高填方路基沉降病害的原因分析

按一般路堤设计，没有验算路堤稳定性、地基承载力和沉降量；地基处理不彻底，压实度达不到要求，或地基承载力不够；高填方路堤两侧超填宽度不够；工程地质不良，且未做地基孔隙水压力观察；路堤受水浸泡部分边坡陡，填料土质差；路堤填料不符合规定，随意增大填筑层厚度，压实不均匀，且达不到规定要求；路堤固结沉降。

（二）高填方路基沉降病害的防治措施

高填方路基应按相关规范要求进行特殊设计，进行路堤稳定性、地基承载力和沉降量验算；地基应按规范进行场地清理，并碾压至设计要求的地基承载压实度，当地基承载力不符合设计要求时，应进行基底改善加固处理；高填方路堤应严格按设计边坡度填筑，路堤两侧必须做足，不得贴补帮宽，路堤两侧超填宽度一般控制在30～50cm，逐层填压密实，然后削坡整形；对软弱土地基，应注意观察地基土孔隙水压力情况，根据孔隙水压确定填筑速度，除对软基进行必要处理外，从原地面以上1～2m高度范围内不得填筑细粒土；高填方路堤受水浸泡部分应采用水稳性及透水性好的填料，其边坡在设计无特殊要求时，不宜陡于1：2；严格控制高路堤填筑料，控制其最大粒径、强度，填筑层厚度要与土质和碾压机械相适应，控制碾压时含水量、碾压遍数和压实度；路堤填土的压实不能代替土体的固结，而土体固结过程中产生沉降，沉降速率随时间递减，累积沉降量随时间增加，因此，高填方路堤应设沉降预留超高，开工后先施工高填方路段，留足填土固结时间。

四、路基横向裂缝病害的原因及防治

（一）路基横向裂缝病害的原因分析

在施工时选用的填料不符合要求，其液限超过50，塑性指数超过26；没有按照施工要求，按填料的性质进行分层填筑，而是将性质不同、塑性指数相差较多的填料混合在同一层进行填筑；路基顶层的填筑没有按照衔接规范进行施工，导致衔接部位产生异常；路基顶与其下层的平整度和填筑厚度相差太大，并且其最小的压实厚度低于8cm；暗涵结构物基底沉降或涵背回填压实度不符合规定。

（二）路基横向裂缝病害的防治措施

性质不同的填料必须严格按照规定分层进行填筑，同一层填筑材料的性质必须相同；在路基顶层的施工过程中，在两段的交接部分，需要按照标准进行；路基施工过程中每一个填筑层的高度、平整度都需要进行严格控制，保证路基顶填筑层压实厚度不小于8cm；暗涵结构物施工时检查基底承载力，控制暗涵结构物沉降，涵背回填透水性材料，层厚宜15cm一层，在场地狭窄时可用小型压路机压实，压实度要符合规定。

第三章　路面施工

第一节　水泥稳定碎石施工

一、影响强度的主要因素

（一）碎石

试验结果和生产实践经验证明，用水泥稳定级配良好的碎（砾）石效果最好，不但强度比较高，而且水泥用量少。

（二）水泥成分和剂量

通常认为，各类水泥都可以用于稳定碎石。但试验研究结果证明，水泥的矿物成分和分散度对稳定效果有明显影响。对于同一种碎石，一般情况下硅酸盐水泥的稳定效果较好，而铝酸盐水泥的稳定效果较差。

当水泥硬化条件相似、矿物成分相同时，随着水泥分散度的增加，其活性程度和硬化能力也有所增大，从而使水泥稳定碎石的强度提高。

水泥稳定碎石的强度随着水泥剂量的增加而增加。但过多的水泥用量虽能获得强度的增加，但在经济上却不一定合理，效果上也不一定显著，且容易产生开裂。

（三）含水率

含水率对水泥稳定碎石的强度影响很大。当含水率不足时，水泥不能在混合料中完全水化和水解，不能充分发挥水泥对碎石的固结和稳定作用，严重影响水泥稳定碎石的强度形成。同时，如果含水率过小，不仅不能使水泥完全反应，而且达不到混合料的最佳含水率，也将严重影响水泥稳定碎石的压实效果。因此，使含水率达到最佳含水率的同时，也要满足水泥完全水化和水解作用的需要。

（四）集料级配

集料级配对水泥稳定碎石强度形成的影响很大，强度形成是靠集料间的摩擦力和胶结料的黏结力，经碾压密实联结构成。要保证这种结构具有足够的强度，一定要使组成集料具有最佳级配和良好的颗粒形状，经过充分拌和，使各级集料分布均匀，并碾压密实，否则将影响结构层的强度。

（五）施工工艺及养生

工程实践充分证明，水泥、碎石和水拌和得均匀，且在最佳含水率下充分压实，使之干密度最大，其强度和稳定性就高。水泥稳定碎石从开始加水拌和到完全压实的延续时间要尽可能短，一般不应超过3～4h。如果时间过长，水泥则产生凝结，在碾压过程中，不但达不到规定的压实度，而且会破坏已硬化水泥的胶凝作用，反而使水泥稳定碎石的强度下降。

试验结果证明：水泥稳定碎石需要湿法养生，以满足水泥水化形成强度的需要。养生的温度越高，水泥土的强度增加越快。因此，要保证水泥稳定碎石的养生温度和湿度条件。

二、材料要求

（一）水泥

普通硅酸盐水泥、矿渣硅酸盐水泥或火山灰质硅酸盐水泥都可以用于稳定，但应选用终凝时间较长（宜6h以上）的水泥。早强、快硬及受潮变质的水泥不应使用。宜采用强度等级较低的水泥，如32.5级或42.5级水泥。

（二）粗集料

水泥稳定碎石的粗集料宜采用各种硬质岩石或砾石加工成的碎石，也可直接采用天然砾石。

（三）细集料

水泥稳定碎石采用的细集料应洁净、干燥、无风化、无杂质。

（四）水

凡是饮用水（包括牲畜饮用水）均可用于水泥稳定土的施工。

三、混合料组成设计

（一）一般规定

①混合料组成设计应按设计要求，选择技术、经济合理的混合料类型和配合比。②根据公路等级、交通荷载等级、结构形式、材料类型等因素确定材料的技术要求。③水泥稳定碎石组成设计应包括原材料检验、混合料的目标配合比设计、混合料的生产配合比设计和施工参数确定四部分。④原材料检验应包括水泥、粗细集料及其他相关材料的试验。所有检测指标均应满足相关设计标准或技术文件的要求。⑤确定材料最大干密度指标时宜采用重型击实方法，也可采用振动压实方法。⑥施工过程中，材料品质或规格发生变化、水泥品种发生变化时，应重新进行材料组成设计。

（二）强度要求

强度要求较高时，宜采取控制原材料技术指标和优化级配设计等措施，不宜单纯通过增加水泥剂量来提高材料强度。

（三）目标配合比设计

第一，目标配合比设计中，应选择不少于5个水泥剂量，分别确定各剂量条件下混合料的最佳含水率和最大干密度。

基层：$R_d \geq 5.0 \text{MPa}$：5%，6%，7%，8%，9%；$R_d < 5.0 \text{MPa}$：3%，4%，5%，6%，7%。

底基层：3%，4%，5%，6%，7%。

第二，根据试验确定的最佳含水率、最大干密度及压实度要求成型标准试件，验证不同水泥剂量条件下的混合料性能，确定满足设计要求的最佳剂量。

第三，根据当地材料特点和技术要求，优化设计混合料级配，确定目标级配曲线和合理的变化范围。

第四，配合比设计试验中，应将各档石料筛分成单一粒径的规格逐档配料，并按照相关的试验规程操作，保证每组试验的样本量。

第五，选定目标级配曲线后，应对各档材料进行筛分，确定其平均筛分曲线及相应的变异系数，并按照2倍标准差计算出各档材料筛分级配的波动范围。

第六，按照下列步骤合成目标级配曲线并进行性能验证：按照确定的目标级配，根据各档材料的平均筛分曲线，确定其使用比例，得到混合料的合成级配。

根据合成级配进行混合料重型击实试验和7d龄期无侧限抗压强度试验，验证混合料性能。

第七，根据已确定的各档材料使用比例和各档材料级配的波动范围，计算实际生产中混合料的级配波动范围，并应针对这个波动范围的上、下限验证性能。

（四）生产配合比设计

第一，根据目标配合比确定的各档材料比例，应对拌和设备进行调试和标定，确定合理的生产参数。

第二，拌和设备的调试和标定应包括料斗称量精度的标定、结合料剂量的标定和拌和设备加水量的控制等内容，并应符合下列规定。

绘制不少于五个点的结合料剂量标定曲线。

按照各档材料的比例关系，设定相应的称量装置，调整拌和设备各个料仓的进料速度。

按照设定好的施工参数进行第一阶段试生产，验证生产级配。不满足要求时，应进一步调整施工参数。

第三，进行不同成型时间条件下的混合料强度试验，绘制相应的延迟时间曲线，并根据设计要求确定容许延迟时间。

第四，应在第一阶段试生产试验的基础上进行第二阶段试验。分别按照不同水泥剂量和含水率进行混合料试拌，并取样、试验。试验应符合下列规定。

通过混合料中实际含水率的测定，确定施工过程中水流量计的设定范围；

通过混合料中实际水泥剂量的测定，确定施工过程中水泥掺加的相关技术参数。

通过击实试验，确定水泥剂量变化、含水率变化对混合料最大干密度的影响。

通过抗压强度试验，确定材料的实际强度水平和拌和工艺的变异水平。

第五，混合料生产参数的确定应包括水泥剂量、含水率和最大干密度等指标，并应符合下列规定。

工地实际采用的水泥剂量宜比室内试验确定的剂量多0.5%~1.0%。采用集中厂拌法施工时宜增加0.5%，采用路拌法施工时宜增加1%。

以配合比设计的结果为依据，综合考虑施工过程的气候条件，含水率可增加0.5%~1.5%。

最大干密度应以最终合成级配击实试验的结果为标准。

四、混合料施工

（一）一般规定

第一，水泥稳定碎石混合料应采用集中厂拌，用摊铺机进行摊铺。

第二，水泥稳定碎石层宽为11~12m时，每一流水作业段长度以500m为宜。

水泥稳定碎石层宽大于12m时，作业段宜相应缩短。宜综合考虑下列因素，合理确定每日施工作业段长度。

施工机械和运输车辆的生产效率和数量；

施工人员数量及操作熟练程度；

施工季节和气候条件；

水泥的初凝时间和延迟时间；

减少施工接缝的数量。

第三，宜在2h之内完成碾压成型，应取混合料的初凝时间与容许延迟时间较短的时间作为施工控制时间。

第四，在过分潮湿路段上施工时应采取措施，降低潮湿程度，消除积水。

第五，水泥稳定碎石结构层施工应选择适宜的气候环境，针对当地气候变化制定相应的处置预案，并应符合下列规定。

宜在气温较高的季节组织施工，施工期的日最低气温应在5℃以上，在有冰冻的地区，应在第一次重冰冻到来的15～30天之前完成施工。

避免在雨季施工，且不应在雨天施工。

第六，将室内重型击实试验法确定的干密度作为压实度评价的标准密度，压实度应满足国家和行业规范要求。

（二）混合料集中厂拌与运输

混合料的拌和能力与摊铺能力应相匹配。拌和厂应安置在地势相对较高的位置，并做好排水设施。拌和厂场地应平整并具有足够的承载能力。高速公路和一级公路的拌和厂（场）地应采用混凝土硬化，混凝土强度等级应不低于C15，厚度应不小于20cm。工程所需的原材料严禁混杂，应分档隔仓堆放，并有明显的标志。细集料、水泥等原材料应有覆盖。对于高速公路和一级公路，上述材料严禁露天堆放，应放置在专门搭建的防雨棚内或库房内。装水泥的料仓应密闭、干燥，同时内部应装有破拱装置。对高速公路，水泥料仓应配备计重装置，不宜通过电机转速计量水泥的添加量。气温高于30℃时，水泥进入拌缸的温度宜不高于50℃；高于50℃时应采取降温措施。气温低于15℃时，水泥进入拌缸温度应不低于10℃。加水量的计量应采用流量计的方式。对于高速公路和一级公路，水的流量数值应在中央控制室的控制面板上显示。

正式拌制混合料之前，应先调试所用的设备，使混合料的级配组成和含水率都达到配合比设计的规定要求。原材料的颗粒组成发生变化时，应重新调试设备。

（三）混合料摊铺与碾压

混合料摊铺应保证足够的厚度，碾压成型后每层的摊铺厚度宜不小于116cm，最大厚度宜不大于20cm。具有足够的摊铺能力和压实功率时，可增加碾压厚度，具体的摊铺厚度应根据试验结果确定。大厚度的摊铺施工时，应增加相应的拌和能力。在下承层施工质量检测合格后，开始摊铺上面结构层。采用两层连续摊铺时，如果下层质量出现问题，上层应同时处理。当下承层是稳定细粒材料时，宜先将下承层顶面拉毛或采用凸块式压路机碾压，再摊铺上层混合料；当下承层是稳定中、粗粒材料时，应先将下承层清理干净，并洒铺水泥净浆，再摊铺上层混合料。应采用摊铺功率不低于120kW的沥青混凝土摊铺机或稳定材料摊铺机摊铺混合料。采用两台摊铺机并排摊铺时，两台摊铺机的型号及磨损程度宜相同。施工期间，两台摊铺机的前后间距宜不大于10m，且两个施工段面纵向应有30~40cm的重叠。对于无法使用机械摊铺的超宽路段，应采用人工同步摊铺、修整，并同时碾压成型。摊铺机前宜增设橡胶挡板，橡胶挡板底部距下承层距离宜不大于10cm。摊铺机后面应设专人消除粗细集料离析现象，及时铲除局部粗集料堆积或离析的部位，并用新拌混合料填补。对于高速公路和一级公路，摊铺过程中宜设立纵向模板，二级以下公路没有摊铺机时，可采用摊铺箱摊铺混合料。

五、养生和交通管制

（一）一般规定

养生期宜不少于7天，养生期宜延长至上层结构开始施工的前2天，过冬时应采取必要的保护措施。

养生可采取洒水养生、薄膜覆盖养生、土工布覆盖养生、铺设湿沙养生、草帘覆盖养生、洒铺乳化沥青养生等方式，宜结合工程实际情况选择适宜的方式。

养生期间应封闭交通，除洒水车和小型通勤车辆外严禁其他车辆通行。

（二）养生方式

1. 洒水养生

洒水养生宜作为水泥稳定碎石的基本养生方式，并应符合下列规定。

每天洒水次数应视气候而定。高温期施工，宜上、下午各洒水2次。养生期间，稳定材料层表面应始终保持湿润。

2. 薄膜覆盖养生

薄膜覆盖养生应符合下列规定。

混合料摊铺碾压成型后，可覆盖薄膜，薄膜厚度宜不小于1mm。薄膜之间应搭接完整，避免漏缝，薄膜覆盖后应用沙土等材料呈网格状堆填，局部薄膜破损时，应及时更换。养生至上层结构层施工前1~2天，方可将薄膜掀开。对蒸发量较大的地区或养生时间大于15天的工程，养生过程中应适当补水。

3. 土工布养生

土工布养生应符合下列规定。

宜采用透水式土工布全断面覆盖，也可铺设防水土工布。铺设过程中应注意缝之间的搭接，不应留有间隙。铺设土工布后，应注意洒水，每天洒水次数应视气候而定。高温期施工，上、下午宜各洒水1次。养生至上层结构层施工前1~2天，方可将土工布掀开。养生过程中应采取有效措施防止土工布破损。

4. 铺设湿沙养生

铺设湿沙养生应符合下列规定。

沙层厚宜为7~10cm。沙铺匀后，宜立即洒水，并在整个养生期间保持沙的潮湿状态，不得用湿黏性土覆盖。养生结束后，应将覆盖物清除干净。

5. 草帘覆盖养生

草帘覆盖养生应符合下列规定。

全断面铺设草帘。草帘铺设后应注意洒水，每天洒水的次数应视气候而定。高温期施工，上、下午宜各洒水1次，每次洒水应将草帘浸湿。必要时可采用土工布与草帘双层覆盖养生。

（三）交通管制

正式施工前宜建好施工便道。对于高速公路和一级公路，若无施工便道，不应施工。养生期间，小型车辆和洒水车的行驶速度应小于40km/h。养生7天后，当施工需要通行重型货车时，应有专人指挥，按规定的车道行驶，且车速应不大于30km/h。

第二节　级配碎石基层施工

由粗、细碎石集料和石屑各占一定比例组成的混合料，当其颗粒组成符合密实级配要求时，称为级配碎石。级配碎石基层适用于各级公路的基层和底基层，也可用作较薄沥青面层与无机结合料稳定基层之间的中间层，从而减轻和消除半刚性基层开裂对沥青面层的影响，避免出现反射裂缝。

一、概述

（一）级配型集料的组成与适用场合

由各种大小不同粒级集料组成的混合料，当颗粒组成符合技术规范的密实级配要求时称为级配型集料。级配型集料中没有水泥、石灰等胶结料，也没有沥青，所以在国外常称为无胶结料粒料或无胶结料材料。级配型集料中常含有一定数量的细土（指小于0.5mm的颗粒），细土中有一定数量的粉粒（指小于0.05mm的颗粒）和黏粒（指小于0.02mm的颗粒），并有或大或小的塑性指数。

级配碎石宜用几种不同粒径的碎石组配而成。用作中间层的级配碎石更应用几种不同粒径的碎石组配而成。它能更好地保证碎石的颗粒组成符合规定的要求，并达到较高的强度和稳定性。级配型集料包括级配碎石、级配碎砾石（碎石和沙砾的混合料，也常将砾石中的超尺寸颗粒粉碎后与沙砾一起组成碎砾石）和级配砾石（或称为级配沙砾）。

级配型集料可以用作沥青路面和水泥混凝土路面的基层和底基层，也可以用作路基的改善层。排水良好的前提下，级配型集料可在不同的气候区用于不同交通等级的道路上。潮湿多雨地区使用级配型集料特别有利。

（二）级配型集料强度的影响因素

级配型集料基层结构的强度和稳定性与集料的类型、集料的粒径有密切的关系。级配碎石最好，级配碎砾石次之，级配沙砾最差。集料最大粒径含量、5mm以下颗粒含量和小于0.075mm的颗粒含量对混合料的密实度和强度有较大的影响。

粒径0.5mm以下的颗粒含量是决定其液限和塑性指数的主要成分，对混合料结构层的水稳定性和冰冻稳定性有很大影响。液限和塑性指数愈高，则级配集料的水稳定性愈差。因此，选用这类材料做沥青路面的基层时，必须重视路基的含水率，偏离时应严格控制此种细料的含量。

（三）对级配型集料的要求

相对力学性质和稳定性而言，级配碎石是级配型集料中最好的材料，也是无机结合料中最好的材料。决定级配型集料层力学性质的主要参数是弹性模量（或回弹模量）、抗剪强度和抗永久形变能力。级配集料层的理想性质包括：它应有高的劲度（相当于弹性模量），以提供良好的荷载分布性质；应有较高的抗剪强度，以减轻车辆（包括施工机械）作用下的辙槽；应具有较高的透水性，以使进入的自由水能快速排出；其中细土应没有塑性，以保证良好的水稳定性并应当具有无冰冻敏感性。

二、材料要求

用于二级和二级以上公路基层和底基层的级配碎石，应用预先筛分成几组不同粒径的碎石（如4.75~9.50mm、9.50~19.0mm、19.0~37.5mm）及4.75mm以下的石屑组配而成。用于二级和二级以上公路基层和底基层的级配碎石，可用未筛分碎石和石屑组配而成。当缺乏石屑时，也可以添加细沙砾或粗沙，也可以用颗粒组成合适的含细集料较多的沙砾与未筛分碎石配合成级配碎砾石。级配碎石可适用于各等级公路的基层和底基层。级配碎石也可用作较薄沥青面层与半刚性基层之间的中间层。当级配碎石用作二级和二级以下公路基层时，其最大粒径应控制在31.5mm以内；当级配碎石用作高速公路和一级公路的基层以及半刚性路面的中间层时，其最大粒径宜控制在26.5mm以下。当级配碎石用作半刚性路面的中间层以及用二级以上公路的基层时，应采用集中厂拌法控制混合料，并用摊铺机摊铺混合料。轧制碎石的材料可以是各种类型的坚硬岩石（软质岩石除外）、圆石。圆石的粒径应是碎石最大粒径的3倍以上。级配碎石中所用的碎石针片状颗粒的总含量不得超过20%。碎石中不应有黏土块、植物等物质。石屑或其他细集料可以使用一般碎石场的细筛余料，也可以利用轧制沥青表面处治，或贯入式用石料时的细筛余料，或专门轧制的细碎石集料。也可以用天然沙砾或粗沙代替石屑。天然沙砾的颗粒尺寸应合适，必要时应筛除其中的超尺寸颗粒。天然沙砾或粗沙应有较好的级配。

三、施工要点

级配碎石层施工和使用过程中，影响级配集料结构层力学性质的其他重要因素还有：集料含水率，加工和摊铺集料的均匀性，碾压密实度以及下承层的承载能力。要做好级配碎石这种结构的路面，设计和施工两个方面都要做好，特别是施工十分重要。

（一）一般规定

对级配碎石层进行施工时，应遵守下列规定。

级配碎石层颗粒的组成应当是一根顺滑的曲线。级配碎石层是由不同粒径的粗细碎石、石屑等按照一定比例配制而成的，为确保其密实度，配料必须准确，符合设计的要求。级配碎石的塑性指数，应当符合设计的规定。混合料必须拌和均匀，没有粗、细颗粒离析现象。在最佳含水率时进行碾压，直到达到下列按照重型击实试验法确定的要求压实度：中间层达到100%；基层达到98%；底基层达到96%。

（二）中心站集中厂拌法施工

中心站集中厂拌法施工的基本方法如下。

级配碎石混合料可在中心站用多种机械进行集中拌和，如用强制式拌和机、卧式双转轴桨叶式拌和机、普通水泥混凝土拌和机等。如果是高速公路和一级公路级配碎石基层和中间层，宜采用不同粒级的单一尺寸碎石和石屑，按照预定配合比在拌和机内拌制级配碎石混合料。不同粒级的碎石和石屑等细集料应隔离，分别进行堆放。级配碎石混合料中的细集料应加以覆盖，防止因雨淋增大其含水率而影响质量。正式拌制级配碎石混合料之前，必须先调试所用的厂拌设备，使设备在操作中运转正常，使混合料的颗粒组成和含水率达到规定的要求。采用未筛分碎石和石屑时，如未筛分碎石和石屑的颗粒组成发生明显变化，应重新调试设备。当将级配碎石用于高速公路和一级公路时，应采用沥青混合料摊铺机或其他碎石摊铺机摊铺混合料。为确保混合料的摊铺质量，摊铺机后面应设专人消除粗细集料离析现象。为保证混合料的碾压质量，应用振动压路机、三轮压路机进行碾压。当将级配碎石用于二级和二级以下公路时，当没有摊铺机时，也可以用自动平地机（或摊铺箱）摊铺混合料。

第三节　填隙碎石基层施工

用单一尺寸的粗碎石组成主骨料，产生嵌锁作用，用石屑填满碎石间的空隙，以增加密实度和稳定性，这种方法称为填隙碎石。填隙碎石是一种典型的嵌锁型基层，它们颗粒之间的黏结力是非常小的，其强度主要依靠碎石颗粒之间的嵌锁和摩阻作用形成的内摩阻力。填隙碎石结构通过一定程度的碾压，使粗碎石产生位移并靠紧，相互嵌挤锁结（咬扣）而形成结构层，并具有足够的强度。

要保证填隙碎石基层的强度，应选择强度高、有棱角、近正方体、颗粒尺寸均匀、表面粗糙的碎石，充分压实，形成良好的嵌锁作用；粗碎石间的空隙一定要切实填满，以达到足够的密实度。同时，要注意填隙料不要在表面单独成层，主骨料棱角应露出表面，以有利于层间的结合。

填隙碎石可用于各级公路的底基层和二级以下公路的基层，但不得用于高速公路和一级公路的基层。

一、材料要求

（一）填隙碎石的要求

当填隙碎石用作基层时，碎石的最大粒径不应超过53mm；当填隙碎石用作底基层时，碎石的最大粒径不应超过63mm。粗碎石可以用具有一定强度的各种岩石或漂石轧制（石灰岩碎石的石屑），但漂石的粒径应为粗碎石最大粒径的3倍以上，以增加碎石的破裂面，提高内摩阻角；也可以用稳定的矿渣轧制，矿渣的干密度和质量比较均匀，且密度不小于960kg/m³。材料中的扁平状、长条状和软弱颗粒不应超过15%。粗碎石的集料压碎值应符合下列要求：当用作基层时不大于26%；当用作底基层时不大于30%。

（二）填隙料的要求

①当缺乏石屑时，可以添加细沙砾或粗沙等细集料，但其技术性能不如石屑。②用作填隙碎石的细集料应当干燥，含水率应符合规范要求。

二、施工要点

（一）施工关键

填隙料应填满粗碎石层内部的全部孔隙；进行碾压后，表面粗碎石间的孔隙应切实填满，但不得使填隙料覆盖粗集料而自成一层，表面应看得见粗碎石，这对铺筑薄沥青面层非常重要，它可保证薄沥青面层与基层有良好的黏结，避免薄沥青面层在基层顶面发生推移性破坏。

（二）工艺流程

1. 准备下承层

下承层表面应平整、坚实，具有规定的路拱，没有任何松散的材料和软弱的地点。通常应对下承层进行检查验收，主要项目有高程、宽度、横坡、平整度、压实度及弯沉值。

2. 施工放样工序

底基层或老路面或路基上恢复中线，直线段每隔15～20m设一个桩，平曲线段每隔10～15m设一个桩，并在两侧路肩边缘外设指示桩，两侧指示桩上用明显标记标出水泥稳定土层边缘的设计高度，以便于掌握施工标准。

3. 备料工序

根据各路段基层或底基层的宽度、厚度和松铺系数（碎石最大粒径与压实厚度之比为0.50左右时，松铺系数为1.30；当比值比较大时，松铺系数接近1.20）。填隙碎石的一层压实厚度可取碎石最大粒径的1.5～2.0倍，计算各段需要的粗碎石数量；根据运料车辆的车厢体积，计算每车料的堆放距离。填隙料的用量为粗碎石质量的30%～40%。

4. 运输和摊铺粗碎石

集料在装车运输时，应控制每车料的数量基本相等。在同一料场供料的路段内，宜按照由远及近的顺序将粗碎石按照计算的距离卸置于下承层上。卸料距离应严格掌握，避免有的路段料不足或过多。料堆每隔一定的距离应留一个缺口。用平地机或其他合适的机具将混合料均匀地摊铺在预定的宽度上，表面应力求平整，并具有规定的路拱，同时摊铺路肩用料。检验松铺材料的厚度是否符合预计的要求，如果不符合要求，应进行减料或补料工作。

5. 撒铺填隙料和碾压

（1）干法施工

①初压。应采用振动轮每米宽的重量至少1.8t的振动压路机进行碾压。用8t两轮压路机碾压3~4遍，使粗碎石稳定就位。直线和不设超高的平曲线段上，碾压从两侧路肩开始，逐渐错轮向路中心进行；在有超高的平曲线段上，碾压从内侧路肩开始，逐渐错轮向外侧路肩进行。错轮时，每次要重叠1/3轮宽。第一遍碾压后，应再次进行找平。初压终了时，表面应比较平整，并具有要求的路拱和纵坡。②撒铺填隙料。用石屑撒布机或类似的设备将干填隙料均匀撒铺在已压稳的粗碎石层上，松铺厚度为2.5~3.0cm。必要时，用人工或机械扫帚（滚动式钢丝扫帚）扫匀。③碾压。用振动压路机进行慢速碾压，将全部填隙料振入粗碎石间的孔隙中。如果没有振动压路机，可用重型振动板。碾压方法同①项，但路面两侧应多压2~3遍。④再次撒布填隙料。用石屑撒布机或类似的设备将干填隙料再次撒铺在粗碎石层上，松铺厚度为2.0~2.5cm。用人工或机械扫匀。⑤再次碾压。用振动压路机按照③项进行碾压。碾压过程中，对局部填隙料不足之处，人工进行找补。局部多余的填隙料应将其扫除。⑥经过再次碾压后，见表面仍有未填满的孔隙，则应补撒填隙料，并用振动压路机继续碾压，直到全部孔隙被填满为止。同时，应将局部多余的填隙料铲除或扫除。填隙料不应在粗碎石表面自成一层，表面必须能看见粗碎石。如果填隙碎石层上为薄沥青面层，应使粗碎石的棱角外露3~5mm。⑦当需要分层铺筑时，应将已压成的填隙碎石层表面粗碎石外露5~10mm，然后在上摊铺第二层粗碎石，并按照第①~⑥项要求施工。⑧填隙碎石表面孔隙全部填满后，立即用12~15t三轮压路机再碾压1~2遍。碾压过程中，不应有任何蠕动现象。碾压之前，宜在表面先洒少量的水，洒水量一般为3kg/m²以上。

（2）湿法施工

①湿法施工开始的工序，与干法施工中的第①~⑥项的要求相同，可参考干法施工的工序。②粗碎石层表面孔隙全部填满后，立即用洒水车进行洒水，直到

饱和，但应注意避免多余水浸泡下承层。③用12~15t三轮压路机跟在洒水车后进行碾压。碾压过程中，将湿填隙料继续扫入所出现的孔隙中。需要时，再添加新的填隙料。洒水和碾压应一直进行到填隙料和水形成粉砂浆为止。粉砂浆应填塞全部孔隙，并在压路机前形成微波纹状。④干燥。碾压完成的路段应让水分蒸发一段时间。结构层变干后，表面多余的细料以及细料覆盖层都应扫除干净。⑤当需分层铺筑时，应待结构层变干后，将已压成的填隙碎石表面的填隙料扫除一些，使表面粗碎石外露5~10mm，然后在上摊铺第二层粗碎石，并按照第①~④项要求施工。

6. 交通管制

填隙碎石基层在未洒透层沥青或未铺封层时，禁止开放交通。

第四节　沥青路面施工技术

一、沥青路面概述

（一）沥青路面的特点

沥青路面由于使用了黏结力较强的沥青材料，使经嵌挤压实的矿料之间的黏结力大大加强，路面的使用质量和耐久性都大为提高。良好的沥青路面表面平整、坚实、无接缝，车辆在上面行驶平稳舒适、噪声小。

路面强度可根据矿料的粒径、颗粒级配和沥青用量的不同进行调节，以适应不同的需要。沥青路面面层透水小，特别是密实沥青混凝土面层透水更小，能大大防止地表水进入路面基层和路基，从而使路面强度稳定。同时，土基和基层内水分也难以排出。

（二）沥青路面的分类

1. 按强度构成原理划分

沥青路面按强度构成原理划分可分为密实类路面和嵌挤类路面。

密实类沥青路面要求矿料的级配按最大密实原则设计，其强度和稳定性主要取决于混合料的黏聚力和内摩阻力。

密实类沥青路面按其空隙率的大小可分为闭式和开式两种：闭式混合料中含有较多的小于0.6mm和0.074mm的矿料颗粒，空隙率小于6%，混合料致密而耐久，但热稳定性较差；开式混合料中小于0.6mm的矿料颗粒含量较少，空隙率大于6%，其热稳定性较好。

嵌挤类沥青路面要求采用颗粒尺寸较为均一的矿料，路面的强度和稳定性主要依靠骨料颗粒之间相互嵌挤所产生的内摩阻力，而黏聚力则起着次要作用。按嵌挤原则修筑的沥青路面，其热稳定性较好，但因空隙率较大、易渗水，且耐久性较差。

2. 按施工工艺划分

层铺法是用分层洒布沥青，分层撒铺矿料和碾压的方法修筑，其主要优点是工艺和设备简便、功效较高、施工进度快、造价较低；其缺点是路面成型期较长，路面需要经过炎热季节行车碾压之后方能成型，用这种方法修筑的沥青路面有沥青表面处治式和沥青贯入式两种。

路拌法是在道路现场用机械将矿料和沥青材料就地拌和、摊铺和碾压密实形成沥青面层的方法。

厂拌法是把具有一定级配的矿料和沥青材料在工厂用专用设备加热拌和，然后送到工地摊铺碾压成沥青路面。

矿料中细颗粒含量少，不含或含少量矿粉，混合料为开级配的（空隙率达10%~15%），称为厂拌沥青碎石；若矿料中含有矿粉，混合料按最佳密实级配配制的（空隙率10%以下）称为沥青混凝土。厂拌法按混合料铺筑时温度的不同，又可分为热拌热铺和热拌冷铺两种。

3. 按沥青路面材料技术特点划分

（1）沥青混凝土路面

沥青混凝土路面指按级配原理选配的矿料与适量沥青在严格控制的条件下

均匀拌和、经摊铺碾压而成型的沥青路面。沥青混凝土是经人工选配具有一定级配组成的矿料（碎石或轧碎砾石、石屑或沙、矿粉等）与一定比例的路用沥青材料，在严格控制的条件下拌制而成的混合料。

（2）热拌沥青碎石路面

热拌沥青碎石路面指由一定级配的集料与适量的沥青在要求的控制条件下均匀拌和，经摊铺碾压而成型的沥青路面。热拌沥青碎石适合于三、四级公路。

（3）乳化沥青碎石路面

乳化沥青碎石路面指用乳化沥青作结合料与相关集料在要求的控制条件下均匀拌和，经摊铺碾压而成的沥青路面。乳化沥青是将黏稠沥青加热至热熔状态，经机械的强力搅拌，使沥青以细微液滴状态分布在含有乳化剂的水溶液中，成为水包油状的沥青乳液。乳化沥青碎石适合于三、四级公路。

二、沥青路面施工

（一）沥青材料的选择

1. 沥青路面原材料的选择

沥青路面原材料包括沥青、粗集料、细集料、填料等。

（1）沥青材料

①石油沥青

沥青路面一般采用道路石油沥青，或经过乳化、稀释、调和、改性等工艺加工处理的石油沥青产品作为结合料。有时也采用煤沥青，但是由于煤沥青对人体健康有害，已很少采用。我国道路石油沥青以针入度为指标，分为7个标号，每一种标号的沥青，都分为A、B、C三个等级，分别适用于不同等级的公路和不同的结构层次。

②乳化沥青

乳化沥青是石油沥青或煤沥青在乳化剂、稳定剂的作用下经乳化加工制得的均匀的沥青产品，也称沥青乳液。按乳化沥青的使用方法分为喷洒型（用P表示）及拌和型（用B表示）乳化沥青两大类。

其主要优点为：冷态施工、节约能源；利便施工、节约沥青；乳化沥青施工不需加热，故不污染环境；避免了劳动操作人员受沥青挥发物的毒害。乳化沥青适用于沥青表面处置路面、沥青贯入式路面、常温沥青混合料路面，以及透层、黏层与封层。采用哪种乳化沥青应根据使用目的、矿料种类、气候条件来定。

对酸性石料，以及当石料处于潮湿或低温状态下施工时，宜采用阳离子乳化沥青；对碱性石料，且石料处于干燥状态或与水泥、石灰、粉煤灰共同使用时，宜采用阳离子乳化沥青。

③改性沥青

改性沥青是掺加橡胶、树脂、高分子聚合物、磨细的橡胶粉或其他填料等外掺剂（改性剂），或采取对沥青轻度氧化加工等措施，使沥青或沥青混合料的性能得以改善制成的沥青结合料，使用改性沥青通常对改善沥青路面高温及低温稳定性有明显效果。

改性沥青使用范围如下：改性道路沥青主要用于机场跑道、防水桥面、停车场、运动场、重要交通路面、交叉路口和路面转弯处等特殊场合的铺装应用。近年来欧洲将改性沥青应用于公路网的养护和补强，较大地推动了改性道路沥青的普遍应用。

（2）粗集料

沥青混合料用粗集料，可以采用碎石、破碎砾石、筛选砾石、矿渣等。沥青混合料用粗集料，应该洁净、干燥、无风化、不含杂质。在力学性质方面，压碎值和洛杉矶磨耗率应符合相应道路等级的要求。

粗集料应具有良好的颗粒形状，用于道路沥青面层的碎石不宜采用颚式破碎机加工。筛选砾石仅适用于三级及三级以下公路和次干路以下城市道路的沥青表面，处置路面和拌和法施工的沥青面层的下面层，不得用于贯入式路面及拌和法施工的沥青面层的中上面层。

（3）细集料

细集料是指集料中粒径小于4.75mm（或2.36mm）的那部分材料。沥青面层的细集料可采用机制沙、天然沙、石屑。细集料应洁净、干燥、无风化、无杂质，并有适当的颗粒级配。

（4）填料

填料的粒径小于0.6mm，沥青与填料混合而成的胶浆使沥青混合料形成强度，所以填料必须采用由石灰岩或岩浆岩中的强基性岩石等憎水性石料磨细的矿粉。矿粉应干燥、洁净、能自由地从矿粉仓流出，其质量应符合技术要求。有时为提高沥青混合料的黏结力，也可掺加部分消石灰或水泥作为填料，其用量一般为矿料总量的1%～3%。

2. 沥青混合料的选择

（1）沥青混合料的特性

良好的力学性能。沥青混合料是一种黏弹性材料，采用它修筑的路面，在夏季具有一定的高温稳定性，在冬季具有一定的低温抗裂性。路面平整无接缝且有弹性，特别是用于高速公路修筑可使客运快捷、舒适，货运损坏率低。

良好的抗滑性。沥青混合料路面既平整又具有一定的粗糙度，有利于高速行车的安全。

在潮湿状态下，路面仍具有较高的抗滑性。

施工方便。采用沥青混合料修筑的路面，施工操作方便。采用机械化施工，进度快，养护期短，能及时开放交通。

经济耐久。采用沥青混合料修筑的路面，造价比水泥混凝土路面低得多。高速公路和机场道面可以保证15年无大修，使用期可达20余年。

便于维修养护、分期改建和再生利用，当沥青混合料路面出现坑槽可以补修。随着道路交通量的增加可分期改建，在旧路面上拓宽和加厚。对旧有的沥青混合料还可再生利用，节约能源、节约投资，社会和经济效益较高。此外，路面的噪声小，晴天无尘，雨天不泞，易于清洁，黑色无强烈反光，便于汽车高速行驶。

（2）沥青混合料的选择

沥青混合料类型的选择应主要满足以下要求。

沥青面层集料的最大粒径宜从上至下逐渐增大，并与压实层厚度相匹配；沥青面层一般应采用双层或三层式结构，各层之间应联结成整体，在沥青层下必须浇洒透层油，沥青层与沥青层之间必须喷洒黏层油；沥青路面应满足耐久性、抗车辙、抗裂、吸水、抗滑等多方面性能要求，便于施工，并应根据施工机械、工程造价等实际情况选择沥青混合料的种类；可对上面层或中面层沥青结合料采取改性措施，或采用SMA等特殊的矿料级配；保证各层的组合不致发生早期破坏，并在此基础上根据优先或侧重考虑各层的服务功能做出选择；高速公路的紧急停车带（硬路肩）沥青面层应采用与车行道相同的结构，但表面层一般应采用密级配沥青混凝土混合料铺筑；各层沥青混合料应满足所在层位的功能性要求，便于施工，不容易离析。各层应连续施工并连接成一个整体。当发现混合料结构组合及级配类型的设计不合理时，应进行修改、调整，以确保沥青路面的使用性能。

（二）沥青混合料路面施工

1. 热拌沥青混合料路面施工

（1）施工准备

材料准备：做好配合比设计，报送监理工程师审批，对各种原材料进行符合性检验。选购经调查试验合格的材料进行备料，矿粉应分类堆放且不得受潮，必要时做好矿粉场地的硬化处理和场地四周排水及库房或储存罐搭设。

测量放样：在沥青混合料路面施工前，应在下承层上重新恢复道路中线，放样边桩根据摊铺机的宽度和摊铺方案控制纵向摊铺条带的划分。

机械准备：检查、调试沥青混合料路面施工机械的工作状态，确保机械性能正常，以及摊铺机、压路机组合、运料车及其他机械设备各就各位。

下承层准备：铺筑沥青层前，应检查基层或下卧沥青层的质量，检查下承层的高程、路拱、平整度等参数，不符合要求的不得铺筑沥青面层。旧沥青路面或下承层已被污染时，必须清洗或经铣刨处理后方可铺筑沥青混合料。仔细清扫下承层，待干燥后洒布黏层油。

铺筑试验段：各层开工前在监理工程师批准的现场备齐全部机械设备进行试验段铺筑，以确定松铺系数、施工工艺、机械配备、人员组织、压实遍数，并检查压实度、沥青含量、矿粉级配、沥青混合料马歇尔各项技术指标等。注意气象预报，加强工地现场、沥青拌和厂及气象台站之间的联系，待天气条件合适，其他准备工作均已就绪，就可以开始混合料的摊铺作业。

（2）混合料配合比设计

沥青混合料配合比设计的主要任务就是确定粗集料、细集料、矿粉和沥青材料相互配合的最佳组成比例，使之既能满足沥青混合料的技术要求又符合经济原则。连续级配的沥青混合料配合比设计，通常按下列两个步骤进行。

第一，根据沥青混合料的矿料最佳级配范围，计算各组成矿料的配合比。矿料的最佳级配范围可以通过理论计算的方法并结合生产实践经验予以确定。在实际施工时，往往人工轧制的各种矿料的级配很难完全符合某一级配的范围，这就必须采用两种或两种以上符合质量要求的矿料，分别进行筛析试验，并测定各种矿料的相对密实度。根据各种矿料的颗粒组成，确定达到级配曲线要求时各种矿料的配比，并按配比配合起来，以满足级配要求。矿料配比确定方法有试算法、正规方程法、图解法等。

第二，确定最佳沥青用量。现行规范采用马歇尔试验确定沥青混合料的最佳沥青用量，以OAC表示。沥青掺量可以采用油石比或沥青用量两种表达方式。

油石比是指沥青占矿料总量的百分比；沥青用量是指沥青占沥青混合料总量的百分比。确定最佳沥青用量，首先应根据当地的实践经验选择适宜的沥青用量，分别制作几组级配的马歇尔试件，初选一组满足或接近设计要求的级配作为设计级配，再进行马歇尔试验确定最佳沥青用量。

（3）沥青混合料的拌制与运输

沥青混合料必须在拌和厂采用拌和机械拌制。拌和机械分为连续式和间歇式两种，前者的单位时间生产能力大于后者。拌和设备的选型应根据工程量和工期综合考虑，并且拌和设备的生产能力应与摊铺能力相匹配，最好略高于摊铺能力。拌和机可以是固定式的或移动式的。

热拌沥青混合料采用较大吨位的自卸卡车运输到铺筑工地。运输车的运能应略大于拌和能力和摊铺速度。运送路途中，应在混合料上覆盖篷布，防止雨淋或污染环境。车厢内侧板表面应涂薄层掺水柴油（油：水=1：3），以此来防止沥青黏结到车厢体上。运送到工地时，已经成团块、温度不符合要求或遭受雨淋的沥青混合料，不得使用。

（4）沥青混合料的摊铺

热拌沥青的混合料使用沥青摊铺机械进行摊铺工序，摊铺机械的受料斗事先要涂一层薄薄的隔离剂，或者涂防黏结剂也可以。

在高速公路、一级公路、城市快速路或者主干道铺筑沥青混合料的过程中，如果是双车道，那么一台摊铺机进行铺筑的宽度需要在6m以内；如果是3车道或者大于3车道，那么一台摊铺机进行铺筑的宽度需要在7.5m以内。

一般情况下，铺筑作业最少使用两台机械进行作业，摊铺机两两之间错开10～20m的距离，同时进行铺筑工作。在两幅之间需要进行搭接，搭接的宽度应该控制在30～60mm。搭接部分需要避开车轮印迹，上下层的搭接位置最少需要错开200mm。

（5）碾压成型

压路机在施工过程中的速度需要与上一阶段摊铺机的工作速度相适应。压路机每次应由两端折回的位置以阶梯形随摊铺机向前推进，使每一次折回的位置最终都不在同一个横断面之上。摊铺机如果一直在正常工作，没有出现停顿，那么压路机也应该持续进行作业，保证碾压温度始终保持在正常的范围内波动。

（6）接缝处理

沥青路面的各种施工缝（包括纵缝及横缝）都必须密实、平顺。

纵向接缝施工：摊铺时采用梯队作业的纵缝应采用热接缝；半幅施工不能采用热接缝时，宜加设挡板或采用切刀切齐；铺另半幅前必须将缝边缘清扫干净，并涂洒少量黏层沥青，摊铺时应重叠在已铺层上5～10cm。

横向接缝的施工：对高速公路和一级公路，中、下层的横向接缝处可采用斜接缝，上面层应采用垂直的平接缝。其他等级公路的各层均可采用斜接缝。平接缝应做到紧密黏接、充分压实、连接平顺。

第四章 排水工程施工

第一节 地面排水施工

一、地面排水设施的种类

（一）边沟

1.边沟的断面形状及尺寸

常用的边沟断面形式主要有梯形、矩形、三角形或流线型等，按照公路等级、所需排水设计流量、设置位置、土质岩质情况等进行选定。

一般情况下，土质边沟宜用梯形，石质边沟宜用矩形；易积雪或积沙的路段，边沟宜用流线型，其流线型从路肩开始，依据自然不必规则的原则进行施工；某些较矮的路堤，如果用地许可，采用机械化施工时，边沟可用三角形。如果公路两侧为农田，为少占用良田及防止农业用水对路基的破坏，可以就地取材，采用石砌矩形边沟。

梯形土质边沟的边坡，靠近路基的一侧宜采用1∶1~1∶1.5，另一侧与挖方边坡的坡度一致。石质或经铺砌加固的矩形边沟的边坡，可以直立或稍有倾斜。三角形边沟的边坡宜采用1∶2~1∶3。流线型边沟的边坡需修整圆滑，以防止产生积雪积沙。

梯形和矩形边沟的深度和宽度一般为0.4~0.6m，多雨和潮湿地段，不宜小于0.5m，干旱地区或少水路段，尺寸可小一些，但不宜小于0.3m。

2.边沟的平、纵面位置的控制

边沟的平面位置由中心桩位置进行控制，其轴线由中心桩向横断面方向量出。为确保边沟边线顺直，直线段桩距一般为20m，曲线段桩距为5m。对于高速公路和一级公路的边沟，一般直接使用全站仪，按照极坐标法原理进行放线。

边沟的纵坡坡度应结合路线纵坡、地形、土质、出水口位置等情况选定尽可能与路线纵坡保持一致，以避免出现过大的挖方和填方。边沟的纵坡不宜过陡，以免水流冲刷造成损害；但也不宜过缓，以免造成水流不畅，形成阻塞和淤积。一般情况下，边沟纵坡以1%~2%为宜，任何情况下，均不应小于0.3%~0.5%。

边沟的长度不宜过长，必要时可设置涵洞，将边沟水引入路基的另一侧排出。边沟断面、基础开挖前后均应进行平面、纵面测量控制。

3.边沟的出水口处理

边沟的出水口是水流汇集和改变水流方向的地方，此处冲刷比较严重，容易出现路基脱空、产生坍塌，应结合地形、地质条件及桥涵水道位置进行设置，并应采取相应的措施，加以妥善处理。

平曲线路段的边沟，水流方向在此发生改变，尤其是小半径平曲线，因设置超高，内侧边沟标高降低，可能形成低洼积水；山谷展线，路基排水条件较差；平坡路堑地段，难以保证边坡的最小纵坡，而陡坡地段，路线常采用较陡纵坡。所有以上这些排水不利条件，宜结合路线设计综合考虑，并应在路基排水系统统一布置的基础上合理安排。

（二）截水沟

1.截水沟平、纵位置的确定

截水沟的位置应尽量与绝大多数地面水流方向垂直，以提高拦截能力和缩短沟的长度，截水沟应保证水流通畅，就近引入自然河沟内排出。截水沟的长度以200~300m为宜，当超过500m时，可考虑配以急流槽或涵洞等泄水构造物，将水引入指定地点。截水沟沟底应具有0.5%以上的纵坡，当条件允许时，纵坡坡度可适当加大，沟底与沟壁要求平整密实，不滞流、不渗水，必要时应当予以加固和铺砌。

2.截水沟出水口的处理

截水沟的长度应控制在200~500m，出水口布置一般应避免沟内水流排入边沟，尽量利用地形将沟中水流排入沟所在山坡一侧的自然河、沟中，或直接引到桥涵的进水口处。当与其他排水设施连接时，应平顺衔接，必要时设置跌水或急流槽。

3. 截水沟施工质量监控

截水沟经过的山坡很可能出现局部洞穴、凹陷。为防止回填土因压实不符合要求而产生工后沉降，通常用干砌片石回填至截水沟的基础底面。

黄土地区土质空隙较大，容易产生渗流，危及路基边坡的安全，尤其是湿陷性黄土。南方上边坡往往又是农田耕作地，雨水渗入边坡会影响边坡稳定性。这些路段的截水沟一般应采取浆砌片（块）石或浆砌混凝土预制块加固，并特别重视砌筑接缝的防渗问题。

（三）排水沟

1. 排水沟的布置及断面尺寸

排水沟的布置，必须结合地形、地质、环境等条件，因势利导，离路基尽可能远些，平面上力求短捷平顺，以直线为宜，必须转向时尽可能采用较大半径（10~20m以上），徐缓地改变方向，距路基的坡脚距离一般不宜小于3~4m。连续排水沟的长度宜短不宜长，一般不超过300m。纵面上控制最大最小纵坡，一般宜控制在1%~3%范围内。当纵坡大于3%时，需要进行加固处理；当纵坡大于7%时，则应改用跌水或急流槽。

排水沟的横断面形式一般多采用梯形，尺寸大小应经过水力水文计算而定。用于边沟、截水沟及取土坑出水口的排水沟，由于排水流量比较小，不需要进行特殊计算，但底宽与深度均应不小于0.5m，土沟的边坡坡度可取1:1~1:1.5。

2. 排水沟的进、出水口处理

排水沟水流注入其他沟渠或水道时，应使原水道不产生冲刷或淤积。通常应使排水沟与原水道两者成锐角相交，交角不宜大于45°。当路线有条件时，可用半径R=10b（b为沟顶宽度）的圆曲线朝向下游与其他水道相接。

排水沟出口应直接与天然河道连接，力求水流舒畅。进、出水口高程必须现场实测，调查常年水位，并注意与桥涵的连接高程相配套。

对于地质不良或坡度较陡的排水沟，必要时应予以加固处理，以防止水流对沟渠产生冲刷与渗漏。

由于地面水流多采用分段汇流，因此排水沟的断面可以根据实际情况采用变截面。当沟底宽度不同时，要求徐缓相接，设置一个宽度渐变段，宽度渐变段的长度一般为两段宽度之差的5～10倍。

3. 排水沟施工质量监控

由于排水沟的平面布置比较灵活，施工前应编制排水沟平面位置图，进行测量放样，固定进出水口的沟底标高，报监理工程师或业主提出开工申请，同意后才能正式开工。

排水沟所经过的地方往往存在承载力不足和凹凸不平等情况，局部相对高差比较大。排水沟渠在设计中尽量不提出具体的承载力指标，但实际工程中的基坑必须是密实硬土，凹穴部位应用片石回填至基础底面。梯形边沟侧墙墙背应是密实、稳定的原状土，而不应当是回填土，否则应改用矩形断面。

（四）跌水与急流槽

1. 跌水与急流槽的位置

高速公路和一级公路有比较完善的排水设计，位于路堤边坡的急流槽位置桩号、长度比较固定，但边沟、截水沟出口连接的急流槽位置变化比较大。对于后者，应在实地现场进行放样，具体考虑与连沟渠的衔接。定位时跌水与急流槽必须置于稳定、坚固的地基上。跌水往往在急流槽的终端，其出口直接与排水沟相连。

2. 急流槽与跌水的结构

（1）急流槽的结构

由于其纵坡较大、水流湍急、冲刷作用严重，所以跌水与急流槽必须用浆石块或水泥混凝土浇筑，且应当埋设牢固。一般来讲，截水沟和边沟的急流槽多采用浆砌片石；路堤边坡的排泄急流槽多选用水泥混凝土预制构件。

为了防止急流槽底部被冲刷掏空，纵坡较大的地段，急流槽进水口于路肩上增设拦水带，拦截路上流水顺利进入急流槽，进水口与沟渠泄水口之间做成喇叭口式连接，变宽段应有至少15cm的下凹，并做铺筑防护。急流槽或急流管的出水口处应设置消能设施。高路堤道路纵坡不大的地段，急流槽进水口在路肩上做成簸箕形，引导路面汇集水流入急流槽。

急流槽是用于坡度较陡路段的使水流不离开沟底的一种排水构造物，其多用于路堤和路堑或边坡平台上，使水从坡顶向下竖向排水流入涵洞或天然水道，以及在特殊情况下用于拦截水流流入边沟。

（2）跌水的结构

在陡坡地段设置跌水结构物，可以在较短距离内降低水流流速、消减水流能量，避免出水口下游的桥涵结构物、自然水道或农田受到冲刷。

跌水呈台阶式，有单级跌水和多级跌水之分。单级跌水主要用于沟渠连接中水位落差较大、需要消能或改变水流方向时。

跌水的三个组成部分需要根据水力计算的结果，确定其主要尺寸。

消力池主要起消能的作用，因为经常受到急流的冲击，所以要求必须坚固耐用，槽底具有1%～2%的纵坡，底板厚度为0.35～0.40m，槽壁要高出计算水深0.20m以上，其壁厚与护墙厚基本相仿。

（五）蒸发池

1. 蒸发池的位置

当直接使用取土坑作为蒸发池时，蒸发池边缘距路基边沟的距离不应小于5～10m，冻土、黄土、盐渍土地区应距离更大些，甚至超过20m，对于面积较大的蒸发池也不得小于20m。池内的水面应比路基边缘低至少0.60m，池中的水位应低于排水沟的沟底。蒸发池同边沟或排水沟之间设排水沟相连，池中水位应低于排水沟沟底。

2. 蒸发池的容量

蒸发池的容量应以一个月地表水汇入池中的水量能及时完成渗透和蒸发作为依据，但每个蒸发池的容量不宜超过200～300m³，蓄水深度不应大于1.5～2.0m。

（六）倒虹吸与渡槽

当水流需要横跨路基时，可以根据地形条件和流水的需要等设置从路基的下部或上空跨过的管道或水槽。前者称为倒虹吸，相当于排水涵洞；后者称为渡槽，相当于简易过水桥梁。两者属于造价较高的路基排水结构物，多数为配合两侧的农田水利灌溉而设。

倒虹吸的设置，往往是路基穿过原有的沟渠，而且沟渠中的水位高于路基，既不宜设置涵洞，又不能进行架空。

倒虹吸是利用上下游的水位差，迫使水流降落而复升，经路基下部埋设的管道引向另一侧。此种结构为有压管道，水流连续在短距离内改变方向，水流条件变得很差，管内易漏水，极易淤塞受阻，也很难修复与清理，需要采用这种结构时，必须进行合理设计，必要时可进行模型试验。

二、地面排水设施的施工工艺

（一）边沟施工的规定

挖方地段和填土高度小于边沟深度的填方地段均应设置边沟，路堤靠山的一侧坡脚应设置不渗水的边沟。为了防止边沟漫溢或冲刷，在平原地区和重丘山岭区，边沟应分段设置出水口，多雨地区梯形边沟每段长度不宜超过300m，三角形边沟每段长度不宜超过200m。进行平曲线处边沟施工时，沟底纵坡应与曲线前后沟底纵坡平顺衔接，不允许曲线内侧有积水或外溢现象发生。曲线外侧边沟应适当加深，其增加值等于超高值。为确保边沟在排水中不受到冲刷损坏，土质地段当沟底纵坡大于3%时，应采取加固措施。当采用干砌片石对边沟进行铺砌时，应选用有平整面的片石，各砌缝要用小石子嵌紧。当采用浆砌片石进行铺砌时，砌缝砂浆应饱满，沟身不漏水。如果沟底采用抹面，抹面应平整压光。

（二）截水沟施工的规定

在无弃土堆的情况下，截水沟的边缘离开挖方路基坡顶的距离应根据土质而定，以不影响边坡稳定为原则。如果为一般土质，距离至少应为5m，如果在黄土地区距离应不小于10m，并应进行防渗加固处理。截水沟挖出的土，可在路堑与截水沟之间修成土台并进行夯实，台顶应筑成2%的倾向截水沟的横坡。当路基上方有弃土堆时，截水沟应离开弃土堆坡脚1~5m，弃土堆坡脚距离路基挖方坡顶不应小于10m，弃土堆顶部应设2%的倾向截水沟的横坡。山坡上路堤的截水沟距离路堤的坡脚至少应在2m以上，并用挖截水沟的土填在路堤与截水沟之间，修筑成向水沟倾斜坡度为2%的护坡道或土台，使路堤内侧的地面水流入截水沟排出。当截水沟长度超过500m时，应选择适当地点设出水口，截水引至山坡侧的自然沟中或桥涵进水口处。截水沟必须有牢靠的出水口，必要时须设置排水沟、跌水或急流槽。截水沟的出水口必须与其他排水设施平顺衔接。为防止水流产生下渗和冲刷，截水沟应进行严密的防渗和加固，在地质不良地段和土质松软、透水性较大或裂隙较多的岩石路段，对沟底纵坡较大的土质截水沟及截水沟的出水口，均应采取加固措施防止渗漏和冲刷沟底及沟壁。

（三）排水沟施工的规定

排水沟的线形要求平顺，有条件的情况下，尽可能采用直线形，转弯处宜做成弧线，其半径不宜小于10m，排水沟的长度应根据实际需要而定，通常不宜超过500m。排水沟在沿着公路线路进行布设时，应离路基尽可能远一些，与路基坡脚的距离一般不宜小于3~4m。当排水沟、截水沟、边沟因其纵坡坡度较大，产生水流速度大于沟底、沟壁土的容许冲刷流速时，应采取沟的底部和侧壁表面加固措施。

（四）跌水与急流槽施工的规定

跌水与急流槽承担高速水流的泄水必须采用浆砌圬工结构，跌水的台阶高度可根据地形、地质等条件决定，多级台阶的各级高度可以不同，其高度与长度之比应与原地面坡度相适应。急流槽的纵坡坡度一般不宜超过1∶1.5，同时应与天然地面的坡度相配合。当急流槽的长度较长时，槽底可分为几个不同坡度的纵坡，一般情况下是上段纵坡较陡些，向下逐渐将其放缓。当急流槽的长度很长时，应分段进行砌筑，每段一般不宜超过10m，各段的接头处应用防水材料进行填塞，并确保密实无空隙。急流槽的砌筑应使自然水流与涵洞进、出口之间形成一个过渡段，基础应嵌入地面以下，基底要求砌筑抗滑平台并设置端护墙。路堤边坡急流槽的修筑，应能为水流排入排水沟提供一个顺畅通道，路缘石开口及流水进入路堤边坡急流槽的过渡段应连接通顺。

（五）拦水缘石的施工规定

为避免高路堤边坡被路面水冲毁，可在路肩上设置拦水缘石，将水流拦截至挖方边沟或在适当地点设急流槽，以便将水引离路基。在与高路堤急流槽连接处应设喇叭口。拦水缘石的尺寸必须符合设计的要求，按照设计安置就位。设置拦水缘石路段的路肩，应根据实际情况进行适当加固。

（六）蒸发池的施工规定

当用取土坑作蒸发池时，与路基坡脚间的距离不应小于5～10m，面积较大的蒸发池至路堤坡脚的距离不得小于20m，坑内水面应低于路基边缘至少0.6m。坑底部应做成两侧边缘向中部倾斜0.5%的横坡。取土坑的出入口应与所连接的排水沟或排水通道平顺相接。当出口为天然沟谷时，应将水妥善导入沟谷内，不得形成漫流，必要时予以加固。蒸发池的容量应当适宜，一般不宜超过300m³，其蓄水深度不应大于1.5～2.0m，蒸发池的周围应修筑土埂，防止其他水流流入池中。蒸发池设置的位置应得当，最好征求当地有关部门的同意，不应使附近地区产生泥沼化，影响当地的环境卫生。

第二节　地下排水施工

一、地下排水设施的种类

（一）明沟

明沟主要拦截和引排路堑边坡上侧边沟外侧的上层滞水或浅层地下水，或路床上零星分布的泉水，以及含水层深度小于2m的上层滞水。明沟易于修建、清理、养护和维修，因此能用明沟时则不用渗沟排水。

明沟通常设置在路基边缘，尽量与地表排水边沟相结合，此时明沟具有排泄地表水和地下水的双重功能。这种明沟的断面尺寸应适当增大，但深度不宜大于2m，以免沟坡产生失稳，影响行车安全。当明沟深度大于1.2m时，则采用槽形的横断面，底宽一般为0.8m。

（二）盲沟

设在路基边沟下面的暗沟称为盲沟，其目的是拦截或降低地下水。盲沟通过边沟内分层填筑不同粒径的颗粒材料，利用其透水性将地下水汇集于沟内，并沿沟排泄到指定的地点，其水力特性属于紊流。

简易盲沟的构造，断面一般呈矩形，当边坡陡于 1 : 0.2 时，也可以呈上宽下窄的梯形，底宽 b 与深度 h 之比大致为 1 : 3，b=0.3 ~ 0.5m，h=1.0 ~ 1.5m。沟内下部的填石，粒径一般为 3 ~ 5cm，水可在填石缝隙中流动。为防止细料堵塞缝隙，粗粒径石块的上部和两侧分层填入颗粒较细粒料，每层厚度约为 10cm，逐层的粒径大致按照 6 : 1 进行递减。盲沟的顶面与底面一般设有 0.30m 厚的隔水层。

（三）渗沟

渗沟是盲沟中的一种特殊形式，按照其结构形式可分为盲沟式渗沟、洞式渗沟和管式渗沟三种。

盲沟式渗沟与上述简易盲沟相仿，但其构造更加完善。当地下水流量较大，要求埋置更深时，可在沟底设置洞或管，前者称为洞式渗沟，后者称为管式渗沟。

渗沟的位置与作用与简易盲沟基本相同，但尺寸可更大，埋置可更深。渗沟的具体尺寸应通过水力计算而确定，埋置深度可达 5 ~ 6m。

（四）渗井

渗井是一种立式地下排水设施。在多层含水的地基上，如果影响路基的地下含水层较薄，且平式渗沟排水不易布置，可以考虑设置立式渗水井，向地下穿过不透水层，将上层含水引入下层渗水层，以利于地下水扩散排除。必要时还可以配合渗沟而设置渗井，平竖结合以便排除地下水。

渗井的孔径与平面布置应通过水力计算而确定，通常采用圆柱形或正方形，其直径或边长为 1.0 ~ 1.5m，井深应根据地层构造而定，以下面渗水层能够向下渗水为限。

二、地下排水设施的施工工艺

（一）排水沟和盲沟施工的规定

①当地下水位较高，潜水层埋藏不深时，可以采用排水沟或盲沟来截流地下水及降低地下水位，沟底宜埋入不透水层内。沟壁最下一排渗水孔（或裂缝）的底部宜高出沟底不小于0.2m。当排水沟或盲沟设在路基旁侧时，宜沿着公路路线方向进行布置；当设在低洼地带或天然沟谷处时，宜顺着山坡的沟谷走向布置。设置的地下排水沟也可兼排地表水，但在严寒地区和寒冷地区不宜用于排除地下水。②当排水沟或盲沟采用混凝土浇筑或浆砌片（块）石砌筑时，应在沟壁与含水地层接触面的高处设置一排或多孔的向沟中倾斜的渗水孔。沟壁外侧应填筑透水性良好的粗粒材料或土工合成材料制成的反滤层。沿沟槽每隔10～15m或当沟槽通过软硬岩层分界处时，应设置伸缩缝或沉降缝。

（二）渗沟施工的规定

第一，渗沟有盲沟渗沟、管式渗沟和洞式渗沟三种形式，无论何种形式的渗沟均应设置排水层（或管、洞）、反滤层和封闭层。

第二，盲沟式渗沟施工要求如下。

盲沟式渗沟通常采用矩形或梯形，在渗沟的底部和中间用较大粒径（3～5mm）的碎石或卵石填筑，在碎石或卵石的上部和两侧，按照一定比例分层（层厚约为15cm）填筑颗粒较细的中沙或粗沙，做成反滤层，逐层的粒径比例大致按照4：1递减。沙石料颗粒小于0.15mm的含量不应大于5%。用土工合成材料包裹有孔的硬塑料管时，管的四周应填以大于塑管孔径的等粒径碎石或砾石，组成渗沟。顶部做封闭层，用双层反铺草皮或其他材料（如土工合成的防渗材料）铺成，并在其上面夯填厚度不小于0.5m的黏土防水层。

盲沟式渗沟的埋置深度应满足渗水材料的顶部（封闭层以下）不得低于原有地下水位的要求。当排除层间水时，渗沟底部应埋置于最下面的不透水层上。在冰冻地区，渗沟埋深不得小于当地土地最小冻结深度。

盲沟式渗沟只宜用于渗流不长的地段，其纵坡坡度不宜太小，一般宜采用5%。出水口底面的标高应高出沟外最高水位0.2m。

第三，管式渗沟主要适用于地下水引水较长、流量较大的地区。当管式渗沟长度为100~300m时，其末端宜设置横向泄水管，以便分段排除地下水。

管式渗沟的泄水管可用陶瓷管、混凝土管、石棉管或塑料管等，在管壁上应设置一定数量的泄水孔，交错布置，间距宜小于20cm。渗沟的高度应使填料的顶面高于原地下水位。沟底垫枕材料一般采用干砌片石；当沟底深入不透水层时，宜采用浆砌片石、混凝土或土工合成的防水材料。

第四，洞式渗沟主要适用于地下水流量较大的地段，洞壁宜采用浆砌片石砌筑，洞顶应用盖板覆盖，盖板之间应留有一定的空隙，能使地下水流入洞内，洞式渗沟的高度要求与管式渗沟相同。

第五，关于渗沟的平面布置，除路基边沟下（或边沟旁）的渗沟应按照公路路线方向布置外，用于截断地下水渗沟的轴线，均宜布置成与渗流方向垂直。用作引水的渗沟应布置成条形或树枝形。

第六，渗沟沟内用作排水和渗水的填充材料常用的有碎石、卵石和粗沙等，在填筑前应经过筛选和清洗，以确保其粒径和质量符合要求。

第七，渗沟的出水口宜设置端墙，端墙下部留出与渗沟排水通道大小一致的排水沟，端墙排水孔底面距排水沟底的高度不宜小于0.20m，严寒和寒冷地区不宜小于0.50m。端墙出口的排水沟应进行加固处理，以防止产生冲刷。

第八，渗沟顶部应设置封闭层，封闭层通常采用浆砌片石、干砌片石水泥砂浆勾缝，用黏土夯实，其厚度一般为50cm，下面铺双层反铺草皮或土工布。严寒和寒冷地区沟顶填土高度小于冰冻深度时，应设置保温层，并加大出水口附近的纵坡。保温层可采用炉渣、沙砾、碎石或草皮铺筑。

第九，渗沟排水层（或排水管、排水洞）与沟壁之间应设置反滤层。反滤层应选用颗粒大小均匀的沙、石材料分层埋填，相邻两层的颗粒粒径比例不宜小于1∶4。

第十，渗沟基底应埋入不透水层，渗沟沟壁的一侧应设反滤层汇集水流，另一侧用黏土夯实或浆砌片石拦截水流。当含水层很厚，沟底不能埋入至不透水层时，两侧沟壁均应设置反滤层。

（三）渗井施工的规定

当路基附近的地面水或浅层地下水无法排除，影响路基的稳定时，可以设置渗井，将地面水或地下水经渗井通过不透水层中的钻孔流入下层透水层中排出。

渗井的直径一般为50～60cm，井内填充材料按层次在下层透水范围内填碎石或卵石，上层不透水层范围内填粗沙或砾石，填充料应采用筛选冲洗过的不同粒径的材料，应层次分明，不得粗细材料混杂填塞，井壁和填充料之间应设反滤层。渗井离路堤坡脚的距离不应小于10m，渗水井顶部四周（进口部分除外）用黏土筑堤围护，井顶应加混凝土盖，严防渗井产生淤塞。

（四）渗池与暗管施工的规定

渗池与暗管通常是由渗池汇集山坡地下水，再由暗管配合排出。这种形式一般适用于寒冷地区和严寒地区，并要求渗池与暗管埋设于当地冰冻线以下的土层中。渗池多用矩形，其中间填片石或块石，四周填粗沙、砾石做反滤层，池底及水源不接触的壁面采用草皮、黏土做成隔水层，渗池顶部应高于含水层顶面20cm，暗管底面应低于含水层底面。暗管可用陶瓷管、瓦管、混凝土管或塑料管制成，暗管纵坡坡度不得小于0.5%，管底应用碎（砾）石及粗沙垫平，暗管四周的填土应夯实，以防止出现过大沉降。

（五）土工织物用于地下排水时的规定

第一，排水隔离层的设置。当在承压地下水或地下水比较丰富的地方修筑路基时，可用土工织物在原地面与路基交界处设置排水隔离层，也可以在路基的内部设置排水隔离层，把地下水引入边沟，把从路面浸透的水隔离。

用于排水的隔离层应符合以下技术要求。

隔离层的合成纤维土工织物的最小抗拉强度不应小于50Pa。

合成纤维织物铺在地面上，应用木桩或石块固定就位，其搭接长度纵向和横向宜为100cm。

排水隔离层顶面要高出地下水位30cm以上，隔离层无论采用何种施工方法，均不得使下层土产生大的扰动。

第二，为了改善渗沟的排水功能并提高其耐久性，管式渗沟可用土工织物包裹带渗水孔的渗管。洞式渗沟可将土工织物铺在盖板上，以阻止细沙土流入渗沟而造成淤积。

第三，渗沟或渗沟的排水层、反滤层填充料，可用土工织物包裹起来将沟外沙土隔离，使其增加使用年限和增强排水效果。

（六）承压水排除的规定

对于一般地区和寒冷地区承压水的排除（包括冻结沟和保温沟等设施），应按照下列规定进行布置和施工。

对于一般地区，埋深较浅的承压水可采用在承压水出口处抛填片石或用混凝土预制块扣压等消能措施，使其变为无压水流后再采用排水沟或渗沟将水排除，也可采用排水隔离层把承压水引入排水沟。埋藏于两个隔水层之间的含水层中的重力水，在一般地区可以根据不同的含水情况和压力情况，采用渗沟、排水渗井、渗池和暗管等措施排除。寒冷地区埋藏于冻土层以下的承压水，可以采用以上措施将水排除，但如果因地形或其他条件所限，排水设施未能埋设于当地冰冻深度以下，上层的填土应采取保温措施。为确保排水畅通，不至于因冰冻而堵塞，与排水设施出水口相连接的沟槽应做成保温沟。保温沟是在沟槽的顶部设置的保温覆盖层，其布设范围应在排水设施的出口向外延伸2～5m，必要时应加大出水口排水沟的纵坡，使出口的水流速度较快，而不至于产生冻结。在山坡较平缓、含水层和覆盖层均较浅，而且涌水量、动水压力都不大的情况下，可在覆盖层中挖掘冻结沟，使含水层袒露于负气温下产生冻结，使水源封冻于路基以外。

（七）特殊气候积聚水排除的规定

对于埋深较浅的积聚水，可采用渗沟、排水渗井及沙桩等方法进行排除。对于深层积聚水，如果对路基造成危害，可采用深埋（深度大于6m）渗沟法排除。沙桩由钻孔填沙而成，其钻孔直径一般为15cm、20cm，沙桩的深度必须穿过不透水层而达透水层中，寒冷冰冻地区沙桩底部应在冰冻线以下30cm，沙桩平面应按梅花形布置，其间距为0.5～2.0m。

第三节 路面排水施工

一、路面表面排水

（一）路肩排水设施

1.路肩排水的组成

高速公路和一级公路的路肩由硬路肩、土路肩两部分组成。路面汇集的路面水通过硬路肩排水设施，由拦水带拦截，通过间隔一定距离设置一个泄水口（俗称水簸箕），汇入边坡急流槽，引入路堤坡脚的排水沟内，最终排泄至附近的天然河流中。50～75cm宽的土路肩汇集的水一般直接漫流至边坡，然后汇至坡脚排水沟后排除。

一般公路的路基宽度不大，填土高度在8m以下的路堤，往往直接将路面水漫流到边坡进行排泄。对于多雨地区的高路堤，应参照高速公路设置拦水带、急流槽排泄路面上的汇水。一般公路由于受到建设资金的限制，即使路面是高级路面，传统的做法也是采用土路肩，这是一种不合理的路肩结构，最好把路肩结构的等级要求等同于路面结构的等级要求。

2.路肩排水的施工

路肩排水的施工过程中应注意以下几个方面。

（1）路肩的压实

无论是土路肩还是硬路肩，如果压实度不符合要求，在使用过程中将产生工后沉降，从而形成局部积水。一旦出现这种质量缺陷，修补异常困难。因此，路肩压实度等级应等同于路面相应层位的等级与要求。高等级公路路肩结构与路面结构相同时，路肩与路面各结构层连成整体，应同时进行施工。高速公路和一级公路土路肩按路床压实度要求进行碾压，并尽快植草防护。

（2）平整度与横坡

路肩平整度和路拱横坡直接影响排水的效果，关系到将来是否出现积水现象，因此应从路床开始应保证每层的这两项指标达到设计要求。水泥混凝土路肩尽量与行车道连成整体同时施工，如果为沥青类结构或土路肩，混合料摊铺、整平、初压等一系列工序均应及时用3m直尺按土路肩20mm、硬路肩10mm的标准检查，出现异常时立即进行调整。

（3）测量放线

为了保证路肩边线的直顺度，路肩边缘打桩、水准测量、挂线都是不可缺少的工序。在急流槽进水口段的水簸箕段，拦水带边缘曲线必须圆滑，水簸箕的曲面必须平顺。

（4）急流槽

急流槽的基底及两侧回填路堤是以人工填土为基础。泄水槽基底往往被冲刷掏空，其主要原因是拦水带没有发挥作用，消力池埋深不够，急流槽两侧回填土夯实不密实。除按设计进行施工外，必须保证拦水带路缘石与急流槽间的过渡段通顺连接，确保无空隙。

（5）沥青混合料拦水带的制作

沥青混合料拦水带可以使用自动化缘石机或带缘石成型附件的沥青摊铺机现场滑模制作。制作成型的过程中，沥青混合料的温度应在110℃以上。

（二）中央分隔带排水

1.中央分隔带排水的组成

中央分隔带的排水方式与分隔带宽度、构造、绿化和交通安全设施的形式，以及分隔带表面处治方案等方面有关。中央分隔带排水设施由纵向排水明沟或暗沟、渗沟、雨水井、集水井、横向排水管组成。

2.中央分隔带排水的施工

中央分隔带各组成部分在施工中应注意以下几个方面。

当中央分隔带宽度小于3m且表面采用铺面封面时，如采用防撞墙作为中间带，在不设超高的路段上，防撞墙两边的左侧路缘带采用与行车道相同的结构层状、路拱横坡。在设超高的路段上，可在分隔带上侧边缘处设置缘石和泄水口，或者在分隔带内设置缝隙式圆形集水管或蝶形混凝土浅沟和泄水口，以拦截和排泄上侧半幅路面的表面水。

雨水口、集水井、横向排水管在上侧行车道路床验收合格后路面施工前完成，并与路堤流槽相配套。纵向明沟则可先按临时排水沟设置，待行车道路面完工后再安装混凝土预制集水管或浇灌蝶形混凝土浅口。集水管可铺10cm厚的碎石垫层和防渗土工膜，用人工进行精平，砂浆坐浆后安装混凝土预制件。

当分隔带宽度大于3m，或小于3m但未采用铺面封闭而铺设绿化时，应通过内倾的横向坡度使表面水流向分隔带中央低凹处，并通过纵坡排泄到泄水口或横穿路界的桥涵水道中。

多雨地区表面无铺面且未采用表面排水措施的中央分隔带，多数采用分隔带种植草皮、低矮灌木的方式。为排除渗入分隔带内的表面水，可设置纵向排水渗沟，并隔一定间距通过横向排水渗沟内的水排引出路界，与路堤急流槽相连。

二、路面结构排水

（一）路面排水的一般要求

1. 设置路面内部排水的条件

当遇到以下情况时，宜设置路面内部排水系统。

在年降水量在600mm以上的湿润和多雨地区，路基由透水性较差的细粒土（渗透系数不大于10cm/s）组成的高速公路、一级公路或重要的二级公路；如果路基两侧有滞水，又不能在规定时间内排除，有可能渗入路面结构内时；在季节性冰冻地区，由粉性土填筑的路基，且处于潮湿、过湿地段；现有路面进行改建或改善工程，需要排除积滞在路面结构内的水分；当行车道与路肩采用不同的结构形式时，为防止接缝处水的渗入。

2. 路面内部排水的基本要求

①路面内部排水系统中各项排水设施的泄水量均应大于渗入路面结构内的水量，且下游排水设施的泄水能力应超过上游排水设施的泄水能力。②渗水在路面结构内的最大渗流时间，在冰冻地区不应超过1h，在其他地区不应超过2~4h。渗水在路面结构内的渗流路径长度不宜超过45~60m。③各项排水设施不应被从路面结构、路基或路肩中央带来的细料堵塞，以保证系统的排水效率不随时间推移而很快减弱。

（二）路面边缘排水方案

沿路面外侧边缘设置类似于地下排水设施中的渗沟，即纵向集水沟或集水管。渗入路面结构的水分，先沿路面结构层的层间空隙或某透水层，横向流入由透水性材料组成的纵向集水沟，并汇流入沟中的带孔集水管内，再由间隔一定距离布设的横向出水管排引出路基。透水性材料可由多孔贫混凝土、水泥、沥青或未处置的升级配碎石或砾石集料组成。这种方案常用于基层透水性小的水泥混凝土路面，特别适用于改善排水状况不良的旧水泥混凝土路面。

下渗的路表水若积聚在基层顶面与面板底面的脱空处，在行车荷载的反复作用下，易导致唧泥和错台等损坏。对于排水状况不良的旧水泥混凝土路面，采用边缘排水方案，可以在不扰动原路面结构的情况下改善其排水状况，从而改善原路面的使用性能并增加使用寿命。

在非冰冻地区，当新建路面基层、功能层（垫层）不透水时，集水沟和管的底面通常与基层底面齐平或略低；改建路面时，为减少路面开挖量，集水沟可浅一些，但集水管中心应低于基层顶面。在冰冻地区，集水管应尽可能设在冰冻深度线以下，集水沟底面的最小宽度应便于施工。当新建路面时，集水沟底面宽度应不小于25cm；当改建路面时，应能保证集水管两侧各有至少5cm宽的透水填料。透水填料的底面和外侧围以反滤织物，以防止垫层、基层和路肩内的细粒土侵入而堵塞空隙或管孔。集水沟和集水管的纵向坡度应与路线纵坡相同，但不得小于0.25%。

沿纵向集水管间隔适当距离设置不带孔的横向出水管，将汇集的水排引至路基外，集水管上游起端与横向通气管相接，下游终端与横向出水管相接，中间段的出水口采用单根或一对出水管。集水管与出水管端头要用半径不小于30cm的弯管连接。埋设出水管和通气管所挖的沟必须回填低透水性材料。出水管和通气管的外露端头用镀锌铁丝网或格栅罩住，以防止杂物进入。出水口的下方应铺设混凝土防溅垫板或对泄水道坡面进行浆砌抹面，以防止冲刷路基坡面和影响植物生长。出水水流尽可能排引至涵洞、边沟或排水沟中。

（三）路面透水层排水方案

采用高透水性结构层做透水基层，渗入路面结构内的水分，先通过竖向渗流进入透水层，然后通过横向渗流进入纵向集水沟或集水管，由横向出水管引至路基。直接设置在面层下的透水基层，由于自由水进入透水层的渗流路径短，在高透水性材料中渗流的速率快，排水效果较好。高速公路和一级公路新建路面时可采用此方案。透水性基层多采用多孔贫混凝土、断级配碎石结构。为防止下渗水入侵路基，通常在透水基层底面铺设防渗土工膜。

透水基层可修筑成全宽式，渗入基层内的水分横向排流到路基边坡坡面外。但是，这种方案存在排出的水流易冲刷路基坡面，或者透水层外侧坡面的孔隙被植物或其他杂物堵塞的弊病。较好的方案是设置由纵向集水沟、管及横向出水管组成的排水系统。

邻近透水基层底面的其他基层、垫层或路基含有细粒土时，应在其间设置由密级配集料组成的反滤层或者反滤土工布织物，以阻截下卧层中的细粒土进入，保护透水基层免受其污染而堵塞。集水沟的周边也应设置反滤土工布织物，以防止路肩、路面垫层或路基中的细粒土进入。

自由水在透水层内的渗流长度一般不宜超过60cm。在一些特殊地段，如连续长纵坡段、曲线超高过渡段和凹形竖曲线段等，排水层内渗流的水有可能被堵封或者渗流路径迂回过长。因此，在这些特殊地段应增设横向排水管，使渗流路径较短且顺畅。

第五章 公路工程施工现场管理

第一节 施工准备阶段管理

一、施工准备阶段的工作内容

（一）建立施工的技术条件

第一，研究和熟悉设计文件并进行现场核对；

第二，补充调查资料；

第三，设计交桩和设计技术交底；

第四，建立工地实验室；

第五，编制施工组织设计；

第六，编制施工预期。

（二）建立施工的物资条件

第一，组织材料订货、加工、运输和进场；

第二，施工机械设备的进场、安装和调试；

第三，设置施工临时设施。

（三）组织施工力量

第一，组建施工队伍，成立项目管理机构；

第二，组织特殊工种、新技术工种的技术培训；

第三，落实协作配合条件，组织专业施工班组，签订专业分包合同；

第四，组织临时工的教育和培训。

（四）做好项目管理的基础工作

第一，建立以责任制为核心的规章制度；

第二，标准化工作，包括技术标准、技术规程和管理标准的制定、执行和管理工作；

第三，制定各类技术经济定额。根据项目管理的实际情况，制定出反映项目水平的消耗定额、状态定额和效率定额；

第四，计划工作，包括针对计量核定、测试、化验分析等方面的计量技术和计量手段的管理工作。

（五）建立施工的现场准备

根据施工组织设计及施工平面图布局的要求，进行施工、场地准备及工作面的准备工作。

工程施工对象的性质、规模不同，施工准备工作的内容和组成也不尽相同。然而施工准备工作的基本内容主要有两个方面：一是抓规划，编制施工组织设计；二是在施工组织设计指导下，抓施工条件的落实。

二、技术准备

（一）研究和熟悉设计文件并进行现场核对

组织有关人员学习设计文件，是为了对设计文件、图纸及资料进行了解和研究，使施工人员明确设计者的设计意图，熟悉设计图纸的细节，掌握设计人员收集的各种原始资料，对设计文件和图纸进行现场核对。

其主要内容是：

第一，核对各项计划的布置、安排是否符合国家有关方针政策和规定。

第二，核对设计文件所依据的水文、气象、土壤等资料是否准确、可靠、齐全。

第三，核对对水土流失、环境影响的处理措施。

第四，核对路基平、纵、横断面，构造物总体布置和桥涵结构物形式等是否合理，相互之间是否有错误和矛盾。

第五，核对路线中线、主要控制点、水准点、三角点、基线等是否准确无误，主要构造物的位置、尺寸大小、孔径等是否恰当，能否采用更先进的技术或使用新型材料。

第六，核对路线或构造物与农田、水利、航道、公路、铁路、电讯、管线及其他建筑物的互相干扰情况及其解决办法是否恰当，干扰可否避免。

第七，核对对地质不良地段采取的处理措施。

第八，核对主要材料、劳动力、机械台班等计算（含运距）是否准确。

第九，核对施工方法、料场分布、运输工具、道路条件等是否符合实际情况。

第十，核对临时便桥、便道、房屋布设是否合理，电力、电讯设备、桥梁吊装方案、设备、临时供水、场地布置等是否恰当。

第十一，核对各项协议文件是否齐备、完善。

第十二，核对工程验算以及采用的定额是否合理。如现场核对时发现设计不合理或错误之处，应做好详细记录并拟定修改意见，待设计技术交底时提交。

（二）补充调查

现场补充调查的目的是为编制施工组织设计进行资料准备。这与投标前的事前调查在大的范围上基本一致，但是深度不同。因为编制施工规划和编制施工组织设计要求掌握的资料更为具体和详细。

调查的主要内容有：

第一，施工地区的自然条件，如气象、水文、地质、地形情况等。

第二，地方材料市场及供应情况，如灰、沙、石等地方材料的生产、质量、价格、供应条件等。同时必须了解材料供应季节性的特点和要求。

第三，施工地区的交通运输条件，如现有交通运输设施条件及可能为施工服务的能力等。

第四，施工地区可供施工使用的施工机械设备情况，包括数量、规格、性能等。

第五，施工现场情况，如有无障碍物和待拆迁的设施、可供施工利用的原有建筑物及设施、可作为施工临时用地的面积大小等。

第六，当地市政、公用服务设施情况，如当地供水、供电、通信、生活、医疗等方面的条件，可为施工服务的能力等。

第七，施工地区的其他建筑安装企业、建筑制品或构件工厂的可能协作配合条件，以及当地可作为临时工的劳动力情况等。

第八，施工地区对环境保护、防治施工公害方面的要求及技术标准等。

（三）设计交桩和设计技术交底

工程在正式施工之前，应由勘测设计单位向施工单位进行交桩和设计技术交底。交桩应在现场进行，设计单位将路线测设时所设置的导线控制点和水准点及其他重要点位的标志逐一移交给施工单位。施工单位在接受这些控制点后，采取必要措施妥善加固保护。

设计技术交底一般由建设单位主持，设计、监理和施工单位参加。交底时设计单位应说明工程的设计依据、设计意图和功能要求，并对某些特殊结构、新材料、新技术以及施工中的难点和需注意的方面详细说明，提出设计要求。施工单位则将对在研究设计文件中发现的问题及有关修改设计提出意见，由设计单位对有关问题进行澄清和解释，对于合理的修改意见，经讨论认为确有必要，可在统一认识的基础上，对所讨论的结果逐一记录，并形成纪要。纪要由建设单位正式行文，参加单位共同会签，作为与设计文件同时使用的技术文件和指导施工的依据，以及进行工程结算的依据。

（四）建立工地试验室

在公路工程施工过程中，必须进行各种材料试验，以便选用合适的材料及材料性能参数，才能保证公路工程结构物的强度和耐久性，并有利于掌握各种材料的施工质量指标，保证结构物的施工质量。

工地试验室是为施工现场提供直接服务的试验室，主要任务是配合路基、路面施工对工地所用的各种原材料、加工材料及结构性材料的物理力学性能，以及施工结构的几何尺寸等技术参数进行检测。

一个比较正规的工地试验室，应配备3~6个基本试验人员。其中，试验室主任或负责人1人，试验员2~5名。至少应有100㎡的试验用房，才能布置好不同项目所需要的使用仪器（具）设备和办公、保管用房。试验室除了配备加热设备、测温仪器、计量衡器、计时仪表等一些通用的仪具外，还应按施工过程中需进行的试验和检查测试项目配备相应的专用试验仪具。

（五）编制施工组织设计

公路施工组织设计是指导公路施工的基本技术经济文件，也是对施工实行科学管理的重要手段。编制施工组织设计的目的在于全面、合理、有计划地组织施工，从而具体实现设计意图，按质、按量、按期完成施工任务。实践证明，一个工程如果施工组织设计编制得好，能正确地反映客观实际，并能得到认真的执行，施工就可以有条不紊地进行，否则就会出现盲目施工的混乱局面，造成不必要的损失。

（六）编制施工预算

施工预算是在施工图预算的基础上，根据施工图纸、施工组织设计或施工方案、施工定额等文件进行编制的，是企业内部控制各项成本支出、考核用工、签发施工任务单、限额领料和进行经济核算的依据。

三、物资准备

物资准备的主要内容包括：

第一，路基、路面工程所需的沙石料、石灰、水泥、工业废渣、沥青等材料的准备；

第二，沿线结构物所需的钢材、木材、沙石料和水泥等材料的准备；

第三，施工工艺设备的准备；

第四，其他各种小型生产工具、小型配件等的准备；

物资准备是一项非常重要的工作，应对施工组织设计及作业计划进行相应内容的准备，不要因为准备不足而造成工程窝工，也不要因为准备过剩而造成材料的积压、变质和机械台班的闲置。

四、施工管理组织的组建

（一）施工管理组织机构的类型

1. 部门控制式

它是在不打乱企业现行建制的条件下，把项目委托给企业内部某一工程处或施工队，由其组织项目实施的项目管理组织形式。一般适用于小型简单项目和单一专业型项目，不需涉及众多部门，职责明确，职能专一，关系简单，便于协调。但这种形式不适应大型复杂项目或涉及多个部门的项目，局限性较大。

2. 混合工程队式

这是完全按照对象原则组建的项目管理组织机构，适用于大型项目和工期要求紧迫的项目，或者要求多工种、多部门密切配合的项目。项目管理组织成员来自公司内不同部门和单位。首先聘任项目经理，从有关部门抽调管理人员组成项目班子，然后抽调队伍归其指挥，建立一个项目工程队，组成新的项目管理经济实体。项目完成后，工程队成员仍回原单位。

3. 矩阵式

这是现代大型项目管理中应用最为广泛的新型组织形式，我国已有为数不少的施工企业开始采用这种形式。当企业同时承担多个项目，对专业技术和管理人才需求量很大，而施工企业人才资源又有限，且大型复杂项目又要求多部门、多工种配合实施，对人工利用率要求很高时，这种组织形式最适用。在矩阵式组织中，永久性专业职能部门和一次性项目管理组织同时交互起作用。

（二）项目管理组织类型的选择

选择什么样的项目管理组织形式，要根据企业和项目的具体条件因地制宜地选择，一般说来，应考虑的因素有企业人员素质、管理基础的情况以及项目本身的规模、技术复杂程度、涉及专业多寡和项目经理的素质与能力。

五、施工的现场准备

现场准备的主要内容包括：

第一，恢复定线测量，包括公路中线、边桩的恢复测量，桥梁、涵洞的定位测量等；

第二，建造临时设施，包括工地行政办公用房、宿舍、文化福利用房及作业棚、仓库等；

第三，进行"三通一平"，包括临时交通便道、便桥，施工、生活及消防用水、用电，场地平整等工作；

第四，设置安全设施，包括仓库的消防措施、用电安全设施、爆破作业的安全设施以及消防车道的设置等。

第二节　施工计划管理

一、施工计划的管理

（一）施工计划的种类和指标体系

1.施工计划的种类

按照不同的施工对象、计划用途和要求，有不同类型的计划。

第一，工程项目总体计划是针对施工企业所承担的工程项目而编制的计划，是施工组织设计的重要组成部分，是施工总体方案在时间序列上的反映，可用以合理确定各单位工程施工的先后顺序、施工期限、开工和竣工日期，以及各单位工程之间搭接关系和搭接时间，综合平衡各施工阶段的工作量、不同时期的资源量以及投资分配。它是工程从开工一直到竣工为止，各个主要环节的进度安排，起着控制构成工程总体的各个单位工程或各个施工阶段工期的作用。工程项目总体计划的内容有：建筑安装工程计划、劳动工资计划、材料供应计划、技术组织措施计划、降低成本计划、财务计划及辅助生产计划等。

第二，单位工程施工进度计划是指一个公路工程项目中具体某一单位工程，如一座桥梁、隧道工程的进度计划。它的任务是确定单位工程中各工序的施工内容、作业顺序和时间，并使工序任务及其要求的作业时间，与完成任务所需的主要资源（人力、设备和物资等）联系起来，以指导和控制单位工程在规定时间内有条不紊地完成。单位工程进度必须服从工程项目总体计划。

第三，年度、季度、月份和旬施工计划在工程项目计划和单位工程进度计划编制完成后，可根据年度、季度、月份和旬施工进度计划编制。年度、季度、月份和旬施工进度计划要以总体计划和单位工程进度计划为依据，即年度、季度、月份和旬施工进度计划受总进度计划和单位工程进度计划的控制。年度施工计划应反映本年度施工的各单位工程的形象进度控制指标，同时也应突出组织顺序上的关系，即各工程项目的施工工序。

季度、月份和旬施工计划可确定季、月、旬施工任务，以及它们包括那些施工内容，预计要完成什么部位，工作量和工程量多少，由谁完成，项目间如何配合等。这些内容确定后可用于具体地指导施工作业，即相关的施工队伍（班组）如何实现流水作业，以及施工顺序如何等。

2. 技术经济指标

在施工计划中，对完成的任务、耗费的资源，以及相关因素（如时间、安全等）应有定性、定量的明确要求，即期望通过努力达到的目标和水平，这称为经济技术指标。它是生产经营活动的规模、技术水平和经济效果等多方面管理目标的具体体现，它在企业生产经营活动过程中发挥着约束、监督和促进的作用。一般而言，它用各自独立而又相互联系的一系列具体量化指标来综合反映企业的生产经营状况，这就构成了企业的计划指标体系。经济指标按其性质可分为两类。

第一，数量指标。

它是计划期内企业生产经营应达到的数量目标，通常用绝对值表示，例如：工程项目及数量、建筑安装工作量、劳动工资总额、固定资产总额、流动资金总量、物资设备数量、降低成本额等指标。

第二，质量指标。

它是计划期内企业生产经营应达到的效率指标，通常用相对值表示，例如：工程项目合格率、劳动生产率、机械利用率、成本降低率和利润等指标。

（二）施工计划的重要性与任务

公路工程施工，特别是高速公路和一级公路的施工，是一项复杂的工程，在施工过程中常常会遇到各种各样的问题。施工企业承接和完成公路工程施工项目，必须努力满足以下两个方面的要求，才能得以生存和发展。一是企业本身，为了适应社会主义市场经济条件下市场竞争的要求，应不断提高企业的经营素质和竞争能力；二是满足建设方（业主）对工程项目提出的有关工期、质量和费用等要求。施工计划是施工管理的主要内容。为了充分发挥施工计划的作用，每一个具体计划都应认真制订、实施和调整。施工计划管理的任务是：从企业经营管理的基本目标出发，根据施工承包合同中的有关具体要求，结合施工企业具体条件，应用系统设计知识和工程管理经验，经过科学的预测，反复进行综合平衡，采用最合理、最有效的措施，充分挖掘内部人力、财力、物力的潜力，制定和贯彻各种先进合理的技术经济指标，组织有节奏、均衡的施工，并在施工过程中依据实际的反馈信息，进行即时调整和控制，以保证施工企业高速、优质、低耗地完成施工任务。

（三）计划管理的特点和基本方针

1. 计划管理的特点

在接到工程项目之后，施工之前，要有针对性地制订一个计划，用以指导、调整和检验具体的行动，从而保证施工任务高效完成。由于公路工程施工管理的特殊性，计划管理呈现以下几个方面的特点。

第一，计划的多变性。

当施工单位按承包合同组织进场施工后，由于例如施工条件的变化、设计的修改、工程变更以及业主、监理对工程工期的要求等不可预见因素较多，这就造成施工企业施工计划的多变性。因此，编制施工计划除了要积极可靠和留有余地外，还要迅速收集和分析变化的信息，及时调整计划，以便适应随时变化的新情况。

第二，计划的可检验性。

施工完成后，只有达到了工程计划所规定的目标，计划工作才是有效的。工程管理目标包括时间、费用、质量、信誉四个方面，施工企业往往以时间和费用作为主要控制对象，而时间和费用计划包括许多作业和费用估算，是可定量评价和权衡的。因此，所编制的计划应具有可操作性和易检验性，这样才能发挥计划的指导和控制作用。即把每一项具体施工生产和经营活动与最终目标紧密联系起来，通过了解和分析施工全过程中的每一步骤、每一环节挡土墙实施情况，就可推断整个工程最终的完成结果。

2. 计划管理的基本方针

计划管理的主体是人，计划管理的过程就是管理者意志的体现，因而，计划管理的效果在很大程度上取决于管理活动参与者的思想认识。为此，施工企业计划管理必须遵循以下基本方针。

第一，计划管理的科学性；

第二，计划管理的严肃性。

（四）施工计划的编制原则、程序和方法

计划的编制原则、程序和方法是编制者必须注重的三个方面。编制原则贯穿于编制程序和方法中，它是编制计划的指导思想；而编制程序就是编制步骤在一般情况下应遵守的先后顺序。在编制过程中，积极应用合理有效的编制方法和技巧，可以优质、高效、快速地完成计划编制工作，制订可靠、实用的能有效指导施工活动的施工计划。

二、施工进度计划与控制

（一）进度计划制订

公路工程施工企业根据项目自身的特点，为保证施工计划的准确性，首先按照招标文件要求、施工图设计文件等，复合计算公路工程项目的各部分项工程量。

1. 公路工程施工企业必须做的工作

第一，划分施工项目——分解施工项目后列出施工工序。

第二，按施工图和相关标准计算工程数量，按分项工程、分部计算项目的实际工程量。

第三，按交通行业现行的预算定额和劳动定额计算劳动量。

2. 确定施工顺序和每项工序的开、竣工时间和相互搭接关系

第一，某一时期内开工的分项工程较多，就会使人力、物力、资金、设备过于集中在这一时期内。尽量做到使主要工程材料、施工设备、劳动力、资金的供应在整个项目工期范围内均衡供应。

第二，路基排水施工对雨季路基施工非常重要，所以要尽量提前建设可供使

用的永久性工程（例如排水工程，利用已完工的排水管线，在雨季施工时可使路基内的水及时排出）以节省措施费用。

第三，急需和关键工程（污水、雨水工程、挡土墙工程）的施工要优先开工，确保工程项目按合同工期完工。对于施工困难较多的桥梁、涵洞等工程，由于施工时间长，技术复杂，应安排提前开工，才能保证工期按合同约定的日期完成。

第四，施工顺序必须与主要系统投入使用的先后次序相一致，配套的附属工程也要及时完工，确保已完工工程在投入使用时发挥最大的效用。

第五，冬、雨季节施工时，为了不影响工程质量，确保合同工期顺利实现，必须制定冬、雨季施工方案。

第六，注意主要工序和主要施工机械的连续施工。

以上工作完成以后，就可以绘制进度计划网络图。

（二）项目进度控制

公路工程项目的施工过程是一个动态的实施过程，进度控制也应该是一个动态的管理过程。公路工程项目进度控制，是指相关人员在执行项目进度计划的施工过程中，应经常检查实际进度情况，并将其和计划进度之间做比较，若出现偏差，便于分析产生的原因，评估对总工期的影响程度，找到必要的调整措施，修改原施工计划，不断地如此循环反复直至所施工的工程竣工验收，从而确保实现公路工程项目的既定目标。在不增加实际费用支出，并确保公路工程施工质量的情况下，适当缩短工期。为了保证项目的实施进度，组建项目进度控制检查系统是非常必要的，从公司的总经理到项目经理再到作业班组，设置专门的人员或者职能部门来负责汇报和检查，统计和整理实际施工过程中的进度资料，并且将其与计划进度进行分析、比较，如存在偏差，分析原因并做出及时的调整。由不同级别的人员负责不同的施工进度控制，项目部全体人员分工协作，组成保证公路工程项目进度计划的组织机构。

（三）公路工程施工资源计划与平衡

1.资源计划的特殊性

第一，公路工程项目实施过程中，所需资源的种类多，需求量大；

第二，资源供应过程复杂；

第三，资源对公路工程项目成本影响大；

第四，资源供应受外界影响大；

第五，当多项目同时使用相同的资源时，必须协调每个项目的资源投入量、投入时间、投入品种等问题，这时资源的均衡使用计划就显得非常重要；

第六，资源计划对实施工程影响大。

2.资源计划

根据每一项公路工程的施工特点、工程数量及拆动迁情况，公路工程项目中标单位的计划工程师与采购工程师密切配合，必须制订各种资源（人员、资金、设施、设备、材料）的资源需求计划，以保证公路工程施工项目总体施工进度、工程质量、安全与费用成本等各项管理工作平稳有序地进行，节约材料和能源消耗，提高工作效率，降低工程成本，以确保项目管理目标的实现。

3.控制措施

资源计划的调整是和进度计划的调整密不可分的，公路改扩建工程都有当地百姓要求尽快恢复通行的需求，所以公路改扩建工程的工期一般是不能变化的，这就要求施工企业要有充分的思想准备，防止拆、排迁工作滞后而导致的后期赶工现象的出现。首先，应按照项目进度的总体要求，利用网络技术优化施工进度计划，尽量减少工程材料现场存放时间，随进场随使用，增加作业效率，杜绝浪费。其次，合理安排资金使用，避免在工程赶工期期间，沥青、碎石、水泥类材料短缺，造成停工待料现象，致使作业效率低下，不能完成计划进度。必要时采取预付定金的方式，将所需材料确定下来，签订随时优先供货合同。最后，所有的作业工作都得由人和机械来完成，与专业劳务分包单位和机械租赁单位签订劳动力资源和机械使用合同，这也是为抢工期做准备。增加作业面，将单一流水施工，变为多个平行作业面的流水施工，所以同一时间内资源的消耗量都是原消耗量的两倍或三倍。

（四）公路工程施工费用计划与控制

在当前市场经济体制环境下，建筑市场格局已发生根本性改变，施工项目少，施工企业多，大多数项目的利润已经很低甚至是零利润。随着科技的不断进步，施工质量要求越来越高，材料费用日益降低，但流通性等辅助成本的比重却不断攀升。而我国许多工程施工企业大多脱胎于计划经济体制，主要以降低直接材料费、直接人工费和机械购买和使用费作为费用管理的主要手段，忽略了对现代科技和机械化施工对辅助性生产资料及安全防护等方面费用的控制，对人员管理与提高经济效益、节约工程费用的认识有待加强。

1. 费用计划

当前，公路工程项目的利润越来越低，某些项目甚至是零利润，即使这样施工项目的竞争也非常惨烈，要保证施工企业获取最佳利润的同时保证工程质量，增加施工人员的工资收入，必须制订项目费用计划和费用计划的控制措施，这也是解决公路工程费用问题最有效的方法。对公路施工所消耗的工、料、机械以及资金等资源，一定要制订科学合理的费用计划，并及时检查、调整费用计划，使各项生产费用的实际支出控制在费用计划的范围之内。

2. 公路工程项目成本费用计划

在公路工程项目中标之后、开工之前，需要编制公路工程项目费用计划。该计划是对施工过程进行科学管理与目标考核的依据。制订工程的费用计划，要考察供应商的资质与能力、产品数量与质量、价格等因素，择优选取合格供应商，确定优选后的施工方案和施工方法，通过科学的分析论证做出完整的符合每项公路工程特点的费用计划。

3. 公路工程的费用计划控制方法

在公路工程项目施工过程中，选取最优的技术方案，核算实际发生的成本及费用与预先制订的费用计划进行比较分析。比较的内容有直接费用的比较和间接费用的比较等内容。

（五）公路工程施工质量计划与控制

在项目管理中，由于公路工程项目的特点为露天作业，施工路线长，施工作业点多，施工具有不可重复性，所以施工质量一次性合格难度大。因此，要做好质量的事前控制和过程控制，事前控制的主要方法是做好质量策划与质量计划工作。

1. 制订公路工程施工质量计划

第一，施工项目部建立后工程开工前，根据每个公路工程项目的施工特点及施工企业的人员素质及管理方式，组织项目部的全体技术人员认真学习合同文件、技术规范、部门规章，制订详细的公路工程项目质量计划，明确每个施工人员的岗位职责、质量责任，以保证公路工程的施工质量。

第二，工程开工前，必须组织项目部全体成员参加岗前教育培训，全体施工人员经严格考核，持证上岗。

第三，项目部组建后工程开工前，必须组织相关人员认真进行施工前的准备工作，内容包括：原材料检查复试、机械设备性能检测、施工工艺方案检查、检测方法论证、质量通病预防措施。制定严格的质量控制程序，确保工程质量目标的实现，以便于直观了解质量计划，绘制质量保证体系框图和质量检验流程图。

2. 质量控制

公路工程的质量控制分析可以绘制因果关系图（又叫逻辑图或鱼刺图）进行分析，通过工、料、机、环、法五个方面与质量有关的因素分别进行不同层次的分析，找出质量特性与质量因素之间的关系，再将这些众多原因、因素进行分析、分解，确定影响公路工程质量的主要原因及其子原因，最终明确问题与原因之间的关系。

（六）公路工程施工安全计划与控制

1. 公路工程施工的特点

安全生产是每一个工程在施工中都必须做到的，所以公路工程项目的施工更不能例外。公路工程项目施工的安全管理是施工项目管理的重要组成部分，但是与其他工程相比，公路工程具有一定的特殊性，主要表现在以下几个方面。

第一，公路工程几乎全部都是在野外工作，因此，其施工会受到天气气象的影响比较大，遇到极端天气，很容易发生安全事故。

第二，公路工程有的是高空作业，有的则是地下作业，其施工的环境是多变的，且有些比较特殊，所以在施工时要多加注意。

第三，公路工程项目的完成需要多工种的相互配合，但是在实际施工中，要想做好这些工种之间的协调是比较困难的。

第四，公路工程在施工的过程中需要用到的机械设备是比较多也比较重比较大的，所以对于这些设备的移动和使用也是一项极不容易的事情。

第五，公路工程建设的过程中需要用到的材料是多种多样的，并且材料的型号也是不尽相同的。正是由于公路工程项目施工的特殊性、单一性，所以没有相同的经验可以照搬，一定要充分考虑到施工中的安全隐患，做好施工的安全计划，防止安全事故的发生。

2.公路工程施工安全控制措施

第一，严格落实安全生产责任制。

首先，公路工程施工单位应建立起有效的、由项目经理任组长的安全生产组织机构，其主要职责是负责全面的施工安全管理工作，签发由项目总工编制的施工安全技术保障措施文件，严格落实安全生产监督和检查职责，调查、处理安全事故等工作。其次，项目部应配备专职安全员，负责对安全生产进行现场巡查监督，并指出安全生产隐患，提出预防安全事故发生的措施。最后，必须定期召开安全生产会议，强调"安全第一，预防为主"，要求项目部各级管理人员必须做到"管生产必须管安全"和"谁主管谁负责"。施工作业的进行要服从安全生产的需要，严肃考核，严格管理，落实安全生产责任制。

第二，施工企业要建立健全安全生产管理规章制度并认真执行。

一是公路工程施工企业要制定相关的安全制度，并让制度约束施工人员的行为。二是在制定安全制度时对危险源要考虑全面，为了保证安全制定落到实处，在制定惩罚条款时，不仅要惩罚一般工人，更要惩罚领导。三是施工企业会同相关部门举行专门的培训班，对施工人员进行公路工程相关安全知识的培训，并掌握应急方案及事故发生后的处理措施和程序。四是在公路工程开工之前，由项目安全负责人组织项目部全体人员，按照项目的特点设想将会出现的各种危险事故，然后根据事故发生的原因及后果提出相关的预防措施。五是在工程施工过程中，要有专门的人员在现场进行监督，及时发现问题，并及时进行处理。六是对于进行危险性较大的专项作业，要严格进行岗前培训，由专职人员进行施工，不具备上岗资格的施工人员，严禁上岗作业。鼓励施工人员培养安全意识，做好安全技术交底工作，对于特别危险的操作，在没有进行安全技术交底的前提下，可以拒绝执行。

第三，施工企业要从思想上提高安全意识。

公路工程施工事故的防范要从预防做起。只有做好预防工作，做好充足的准备，才能防患于未然。一些安全事故的发生，都是因为施工人员自身心存侥幸造成的。施工人员安全意识淡薄，做事不认真。作为工程第一负责人的项目经理，一定要有正确的安全意识，做到警钟长鸣。

在安排施工作业时，要把安全生产放在绝对重要的位置，为施工人员创造安全的施工环境，制定预防事故发生的安全防范措施。要体现以人为本的安全理念，对施工作业人员进行安全教育培训，使工人思想中牢固树立"我要安全""我想安全""我必须安全"的理念。尤其在雷击、地震、泥石流等灾害发生时，要教会施工人员进行自救和他救，尽量减少伤害的发生。

第四，检查分包单位的安全资质条件。

首先，检查工程分包单位的安全资质条件是否符合所分包工程的要求，审查分包单位是否有针对所分包工程的安全技术措施和设备，还要审查分包单位是否存在确保施工安全的专门从事安全管理工作的专职安全人员。其次，明确总包方和分包方的权利义务，分包方的安全管理（特别是人工、材料、机械等）必须服从总包方安全管理的规定，分包方向总包方负责，发生安全事故时总包方承担连带责任。

第五，必须做好公路工程施工中的设备管理工作人员。

项目管理机构的相关人员要做好机械设备的组织调配工作，严格按照机械的操作规程精心操作，专业机械的操作手必须进行岗前培训，持证上岗。施工员要正确地指挥操作手进行工程施工，对于违反操作规程和可能引起危险事故的指挥，操作手有权拒绝执行。做好施工机械设备的维修保养工作，随时观察机械设备的动态，及时排除各种安全隐患，确保施工顺利进行。

三、施工采购计划与控制

在公路工程中施工材料费用占通常整个工程费用的60%～75%，更有的项目工程材料的费用占整个工程费用的75%～85%，这么巨大的材料需求量，决定了公路工程项目费用的计划与控制最主要的内容就是材料的采购计划与控制。

（一）科学制订公路工程的材料采购计划

公路工程的施工组织方案是制定材料采购计划的前提和基础，根据优选的施工组织方案计算出材料采购数量，确定材料采购成本。如果材料采购计划编制得不科学，且材料采购人员仍然按原计划执行，就必然影响到材料采购工作以及费用控制工作。公路工程项目费用控制最重要的环节就是材料采购环节。

（二）制定完善的材料采购管理制度

施工项目的材料采购主要是由材料采购部门的人员负责完成的，完善的材料采购管理制度能够保障材料采购管理工作的顺利进行。若是施工材料采购流程不科学，采购方案编制不合理，没有完善的材料采购制度作保障，就无法有效约束材料采购部门或人员，这些人员与项目部其他人员之间缺乏经常性沟通和联系，加上项目部材料采购部门与项目部生产、财务、合同、质检、安全等部门之间的联系不紧密，这就使得项目采购部门的采购决策缺乏其他部门的动态信息支持，这样一来材料采购环节中就极易发生问题。

（三）利用信息化技术，制定先进合理的材料采购管理方法

计算机云计算技术的应用和网络信息化的普及，实现材料采购工作的信息化管理是公路工程项目科学管理的必然趋势。

可是，由于我国绝大多数公路施工企业工程材料的采购管理工作停留在传统的手工操作的管理方式上，所以大大降低了材料采购管理的工作效率，造成采购信息不全面，材料采购不及时，材料采购费用过高，并且材料采购工作不具有根据实际情况进行动态调整的特性，在科技飞速发展的今天，非常不利于项目部对材料采购管理工作计划执行与动态控制。

四、施工的设计计划变更与控制

（一）加强公路设计变更管理的必要性

公路工程变更设计必须由原设计单位对原设计内容进行修改、调整、优化及完善，并加盖变更专用章。变更内容涉及工程施工时间、顺序、施工材料、工程量、地质条件、结构形式等内容的改变。必须得到总监理工程师签发变更指令后才能进行施工。从公路工程的施工实践来看，变更设计是不可避免的，而且贯穿于施工阶段的整个过程。公路工程项目一旦发生设计变更必然涉及质量、进度、费用等多方面内容，因此做好变更设计的管理工作是确保工程施工质量，保证施工进度，控制施工费用支出的一个重要环节。

（二）公路工程施工设计变更的相关原则

1. 必须依据设计任务书和初步设计相同的审批程序审批设计变更

设计变更的提出必须符合有关技术标准和设计规范，以提高工程质量，节约工程投资，加快工程进度等。

2. 对于设计进行变更调整的条件

第一，原设计地形地貌、地质资料与实际情况不一致；

第二，因施工条件的限制，工程材料规格、数量不能满足原设计要求；

第三，存在质量隐患和不安全条件时。

3. 公路工程施工合同中必须有针对变更发生的专门条款解释

任何变更不能使合同失效。施工承包合同中已有单价的变更项目仍执行原合同单价，合同中没有的单价，应按建设部门、定额管理部门或合同规定的计算方法重新计算价格。按照条款的解释设计变更令必须由总监理工程师签发，否则驻地监理工程师可对实施变更发生的工程价款不予计量和支付。

（三）公路工程施工过程中设计变更的控制

要保证公路工程项目的设计变更工作规范有序地进行，必须采取如下措施。

1. 严格申报审批程序

变更申报审批程序必须严格执行，才能避免变更的随意性。经过各个审批部门的专家论证，才能较好地完善公路工程的施工图设计，达到降低工程成本、提高工程质量、加快施工进度的目的。

2. 规范变更设计文件

总监理工程师签发的公路工程变更单，一般具有很强的法律性。它是施工单位变更执行，计量支付，交工、竣工验收的依据，更是政府监督检查，项目决算审计时不可缺少的文件，因此工程变更单必须是严密和公正的。

工程变更单的内容有：变更的原因和依据、内容和范围、预算价格、技术标准、变更项目工程量清单等。工程变更中的工程量清单同原合同中的工程量清单基本相同，其区别在于每个项目都需填写变更前后的单价、数量和金额，目的是便于检查该变更对原合同价格的影响。然后是经原设计单位签字盖章的设计图纸及其他有关文件及证明材料。

[14]武彦芳.公路工程施工组织设计[M].重庆：重庆大学出版社，2020.

[15]陈大川.土木工程施工技术[M].长沙：湖南大学出版社，2020.

[16]艾建杰，罗清波.公路工程施工技术[M].重庆：重庆大学出版社，2020.

[17]阎丽欣，高海燕.市政工程造价与施工技术[M].郑州：黄河水利出版社，2020.

[18]王显根，庞京春.城市道路工程施工质量与安全管理[M].徐州：中国矿业大学出版社，2019.

[19]王伟业，俞先富，余建民，等.城市道路建设质量标准化管理[M].杭州：浙江工商大学出版社，2019.

[20]王奎生，罗鸿，武文婕.公路工程管理[M].长春：吉林科学技术出版社，2019.

[21]任均华.公路工程建设项目管理[M].济南：山东大学出版社，2019.

[22]李伟.道路工程施工项目管理与技术创新[M].北京：清华大学出版社，2018.

[23]陈柳.道路交通安全工程与管理实践[M].延吉：延边大学出版社，2018.

[24]李宽.公路工程项目管理[M].武汉：华中科技大学出版社，2018.

[25]王秀敏，葛宁.公路工程施工组织与管理[M].天津：天津大学出版社，2018.

[26]田晓飞，郭明华.道路桥梁项目管理与水利工程[M].北京：团结出版社，2017.

[27]李丽民，冯浩雄，肖明.道路工程[M].北京：北京理工大学出版社，2017.